PAS DE PANIQUE
AU VOLANT !

« GUIDE POUR S'AIDER SOI-MÊME »

DÉJÀ PARUS

Accepter son corps et s'aimer.
François Nef, Emmanuelle Hayward.
Affirmez-vous ! Pour mieux vivre avec les autres.
Dr Frédéric Fanget.
Bien gérer son temps. Pour vivre mieux.
Dr Christine Mirabel-Sarron, Nayla Chidiac.
Bien se soigner avec les médicaments psy.
Dr Antoine Pelissolo.
Bien vivre avec des acouphènes.
Dr Philippe Peignard.
Bien vivre sa sexualité.
François-Xavier Poudat.
Bien vivre son homosexualité et réussir son coming-out.
Dr Béatrice Millêtre.
Bon stress, mauvais stress : mode d'emploi.
Dr Frédéric Chapelle, Benoît Monié.
Borderline. Retrouver son équilibre.
Dominique Page.
Changer dans sa tête, bouger dans sa vie.
Dr Roger Zumbrunnen
Comment arrêter de fumer ?
Dr Henri-Jean Aubin, Dr Patrick Dupont, Pr Gilbert Lagrue.
Comment arrêter l'alcool ?
Pierluigi Graziani, Daniela Eraldi-Gackiere.
Comment ne pas se gâcher la vie.
Dr Stéphanic Hahusseau.
Comment ne pas tout remettre au lendemain.
Dr Bruno Koeltz.
Comment retrouver le sommeil par soi-même.
Dr Sylvie Royant-Parola.
Comment sortir de l'anorexie ? Et retrouver le plaisir de vivre.
Dr Yves Simon, Dr François Nef.
Comment sortir de la boulimie. Et se réconcilier avec soi-même.
Dr François Nef, Dr Yves Simon.

Suite en fin d'ouvrage

Dr ROGER ZUMBRUNNEN

PAS DE PANIQUE AU VOLANT !

Illustrations de Julie Zumbrunnen

Odile Jacob

Collection dirigée
par Christophe André

15, rue Soufflot, 75005 Paris

www.odilejacob.fr

ISSN : 1620-0853

ISBN : 978-2-7381-1101-2

La collection « Guides pour s'aider soi-même » est conçue pour vous aider à faire face aux difficultés de la vie quotidienne, mais aussi aux problèmes psychologiques les plus sérieux. Chaque guide répond à vos questions et vous propose des informations pour comprendre ce qui vous arrive (ou ce qui arrive à l'un de vos proches) ainsi que des conseils pour agir au quotidien.

Médecins, psychologues, ou autres professionnels de santé, les auteurs sont toujours des spécialistes reconnus et expérimentés du problème abordé. Ils ont déjà aidé de nombreuses personnes dans votre cas à s'en sortir. Et le livre que vous tenez entre les mains a été relu et validé par des lecteurs confrontés aux mêmes difficultés que vous.

Vos réactions à la lecture de cet ouvrage, la manière dont il a pu vous aider, dont vous l'avez utilisé et mis en pratique nous intéressent beaucoup. N'hésitez pas à nous écrire pour raconter votre expérience.

Christophe André

Sommaire

Avant-propos

1 – Connaître les mécanismes de la peur pour mieux la combattre

2 – FORGEZ VOS OUTILS ANTIPANIQUE !

3 – AFFRONTEZ VOTRE PEUR PAS À PAS

4 – ADAPTEZ VOTRE COMPORTEMENT AU CONTEXTE

CONCLUSION

ANNEXE
POUR ALLER PLUS LOIN

« La crainte du danger est dix mille fois plus grande que le danger lui-même. »

Daniel DEFOE, *Robinson Crusoé*

C'est la réflexion que se fait le brave Robinson après avoir affronté la solitude, le dénuement et les cannibales, perdu sur son île au milieu de l'océan. Il se dit que les dangers qu'il a réellement encourus lui ont valu bien moins de tourments et de souffrance que les scénarios qu'il se fabriquait par anticipation et les terreurs physiques qui les accompagnaient. L'observation de Robinson garde toute sa valeur aujourd'hui. Dans l'angoisse, l'ennemi est bien plus à l'intérieur qu'à l'extérieur. La peur de conduire ne fait pas exception, et apprendre à la dominer consiste avant tout à apprivoiser les dangers intérieurs que la peur suscite et nourrit. Le but de ce livre est de vous montrer comment vous engager sur cette voie, et de vous apporter une aide dans votre cheminement.

Avant-propos

Depuis son invention à la fin du XIXe siècle, l'automobile a complètement envahi nos vies et notre environnement, pour le meilleur et pour le pire. Le meilleur, c'est la voiture comme moyen fabuleux de découvertes, de rencontres, de liberté et d'indépendance. Le pire, c'est le prix exorbitant à payer pour la conquête de la mobilité : asphyxie des villes, grignotage des campagnes, pollution de l'air, morts par milliers sur les routes chaque année.

Qu'on le veuille ou non, l'auto s'est imposée comme un élément indispensable à la vie quotidienne de beaucoup d'entre nous. Elle nous aide à gagner notre vie en nous amenant sur notre lieu de travail, à nous approvisionner en fin de semaine, à entretenir nos liens familiaux, amicaux et sociaux, à partir en vacances et à effectuer mille et un autres déplacements, menus ou grands, utilitaires ou d'agrément.

Au cours de l'évolution, le cerveau et le corps de l'être humain n'ont pas été façonnés pour conduire une automobile, mais pour se déplacer à pied dans un environnement naturel et dangereux. La plupart de nos semblables apprennent cependant sans trop de mal à s'adapter au milieu artificiel qu'est le trafic automobile moderne et aux exigences techniques de la conduite.

Néanmoins, pour certaines personnes, les choses se passent plus difficilement. Pour toutes sortes de raisons qui seront développées dans ce livre, conduire produit chez elles une sensation déplaisante de malaise et de peur. Si le problème n'est pas pris en main rapidement, il conduit à un évitement grandissant et, finalement, à l'abandon complet de la conduite. C'est à ces personnes et à leurs proches que ce livre est dédié. Il souhaite leur apporter des informations leur permettant de mieux comprendre la peur de conduire et surtout des outils pour les aider à la surmonter.

Dix raisons de lire ce livre

La manière la plus simple de savoir si ce livre vous concerne est de lire attentivement les phrases du tableau ci-dessous. Si vous vous retrouvez dans une ou plusieurs des affirmations, ce livre peut vous être utile !

— Mes leçons de conduite se sont mal passées, j'envisage de renoncer à conduire.
— Depuis que j'ai paniqué sans raison, il m'arrive de me sentir mal au volant.
— J'évite certaines situations : tunnels, ponts, autoroutes, grands axes, embouteillages.
— Je redoute de conduire loin de chez moi ou d'emprunter des routes inconnues.
— J'ai peur de conduire depuis que j'ai eu un accident.
— Par manque de confiance, je conduis le moins possible ; ou j'ai arrêté de conduire.
— Avec l'âge, je me sens dépassé par les événements lorsque je conduis.
— J'ai peur de conduire la nuit ou par mauvais temps.
— Un de mes proches souffre de l'un de ces problèmes et j'aimerais l'aider.
— Ma profession m'amène à rencontrer des personnes confrontées à ces problèmes.

Qu'y trouverez-vous ?

- Des informations sur la peur de conduire et ses mécanismes.
- Une méthode pratique pour reprendre confiance au volant.
- Des adresses où vous pourrez trouver de l'aide si nécessaire.
- Des descriptions détaillées de traitements qui vous permettront de vous faire une idée de ce qu'est une thérapie aujourd'hui.

Comment l'utiliser ?

À votre gré ! Vous pouvez le lire méthodiquement, d'un bout à l'autre. Cela vous donne la possibilité de parcourir l'ensemble du problème et de retrouver ensuite plus facilement des informations précises ou de situer un chapitre donné.

Vous pouvez aussi aller directement au chapitre qui vous concerne plus particulièrement, que vous aurez repéré à l'aide du sommaire. Les problèmes les plus fréquents sont présentés dans le troisième et le quatrième chapitre de l'ouvrage. Si vous envisagez de vous lancer dans votre propre traitement, il est indispensable de lire très attentivement les deux premiers chapitres de l'ouvrage, qui présentent les bases qu'il faut impérativement maîtriser pour être en mesure de vous attaquer à votre problème en toute sécurité.

Les encadrés mettent en évidence les notions les plus importantes, ainsi que les consignes essentielles, désignées ici sous le terme de *leitmotiv.*

Chapitre premier

Connaître les mécanismes de la peur pour mieux la combattre

Évaluez votre peur

La peur de conduire au quotidien

Jean est âgé de 42 ans. Il y a trois ans, alors qu'il est en excursion un samedi après-midi au volant de sa voiture, il se sent subitement mal, sans raison apparente. Son malaise, difficile à décrire, comprend des palpitations, de la peine à respirer, des transpirations abondantes, une crispation des muscles et une impression de mort imminente. Jean arrête sa voiture dès qu'il le peut. Le malaise s'estompe progressivement et Jean peut reprendre le volant non sans appréhension et parvenir à rentrer chez lui. Dans les semaines et mois qui suivent cet épisode, d'autres malaises surviennent, très semblables au premier. Depuis lors, Jean a renoncé à faire de grands trajets en voiture. Il évite également les zones à trafic dense où il pourrait rester bloqué, de même que les ponts étroits, les tun-

nels et les cols de montagne. Chacune de ces situations le met dans un état qui lui rappelle ses « crises ». Il espère ainsi éviter d'en provoquer de nouvelles. De plus, il ne prend pas le volant certains matins pour se rendre à son travail lorsqu'il se sent un peu bizarre car il redoute qu'il s'agisse des prémices d'une nouvelle crise. Sa vie est devenue assez compliquée, car son épouse ne conduit pas. Le couple n'est plus parti en vacances depuis le premier épisode, il y a trois ans. Jean doit se lever beaucoup plus tôt pour se rendre à son travail les jours où il renonce à prendre sa voiture.

Nicole a 32 ans, elle a eu un accident de la circulation il y a deux ans. À un croisement, une voiture n'ayant pas respecté les priorités est entrée en collision avec la sienne, la heurtant sur le flanc gauche. Le choc a été violent. Nicole a subi une commotion cérébrale et des blessures au thorax et aux jambes, qui lui ont valu six semaines d'hôpital. Depuis lors, Nicole est hantée par l'accident, dont des flashs lui reviennent périodiquement. Elle n'ose pas reprendre le volant.

Madeleine a 68 ans, elle conduit depuis plus de quarante ans, mais ces derniers temps elle ne se sent plus aussi sûre qu'auparavant lorsqu'elle est au volant. Elle a l'impression que tout va trop vite, surtout lorsqu'elle roule en ville. Elle commence à restreindre ses déplacements en voiture, ce qui lui pose des problèmes car elle habite à la campagne. En outre, elle évite autant que possible de conduire la nuit et par mauvais temps.

Trois histoires personnelles bien différentes, mais un point commun : la peur de conduire. Survenant dans des contextes variés, la peur de conduire se présente sous des formes diverses et à tous les âges, aussi bien chez les hommes que chez les femmes. La caractéristique principale est toujours la même : un malaise physique accompagné d'une tendance à éviter les situations risquant de provoquer ce malaise. Chez certaines personnes, l'évitement est partiel. Chez d'autres il est total, elles renoncent complètement à conduire.

Si vous avez peur de conduire, ce livre se propose de vous venir en aide. Dans le premier chapitre de l'ouvrage vous allez acquérir les connaissances nécessaires pour comprendre les mécanismes de la peur et les moyens à utiliser pour la combattre efficacement. Le deuxième chapitre de l'ouvrage décrit l'apprentissage de la méthode pour prévenir et maîtriser la panique. Le troisième chapitre présente l'application de la méthode aux différentes formes de peur de conduire, tandis que le quatrième chapitre passe en revue les problèmes particuliers à certaines situations : tunnels, autoroutes, embouteillages, etc. Enfin, le cinquième et dernier chapitre présente des lectures et des adresses pour ceux qui veulent aller plus loin dans la connaissance du problème, ou faire appel à un spécialiste.

Peur normale et peur irrationnelle

La peur est déclenchée par le système nerveux autonome, appelé ainsi parce qu'il agit indépendamment de notre volonté, parfois de notre conscience, de manière réflexe et presque instantanée. Comme toute émotion, la peur est un phénomène complexe qui intègre des sensations physiques, des pensées et des actions. L'émotion est d'autant plus intense que les sensations, les pensées et les actions entrent en résonance parfaite les unes avec les autres. Elle réalise une fusion généralement si complète entre ses trois composantes qu'il faut prendre du recul pour parvenir à les distinguer.

— Les *sensations physiques* correspondent à la mise en état d'alerte du corps face au danger : accélération du cœur et de la respiration, modification du tonus musculaire, de la vision, etc.

— Les *pensées* sont des scénarios traversant l'esprit avec la rapidité de l'éclair dans le but d'évaluer et d'anticiper le danger.

— Les *actions* sont des mesures prises pour faire face au danger soit en l'affrontant soit en l'esquivant, selon la nature du danger et le rapport des forces.

La peur est un phénomène normal et salutaire, qui nous met en alerte et nous mobilise face à un danger. Mais il existe aussi des peurs irrationnelles et paralysantes car déclenchées de manière inadéquate ou excessive en l'absence d'un véritable danger objectif. Dans ce cas, les spécialistes parlent de « phobie ». La peur de conduire dont il est question ici est la peur irrationnelle et non la peur légitime que chacun peut ressentir dans certains contextes de conduite réellement dangereux. De ce fait il s'agit de phobie plus

On parle de phobie lorsqu'il existe :
— une peur irrationnelle, excessive ou disproportionnée ;
— un évitement des situations qui provoquent la peur ;
— une gêne dans la vie sociale ou professionnelle.

que de peur à proprement parler. Comme dans le cas des autres phobies, c'est d'ailleurs plus souvent l'évitement de la peur qui pose problème et amène à consulter. La peur de conduire présente une différence avec les autres phobies, un peu comme la peur de l'eau. Si une phobie n'est pas en soi dangereuse, paniquer alors qu'on est au volant ou dans l'eau peut être dangereux. L'expérience montre que la panique au volant, ça existe. En revanche, elle ne fait jamais vraiment « perdre les pédales » car, comme Jean, les personnes qui ont peur au volant sont capables d'arrêter leur voiture à temps. Néanmoins, le traitement doit tenir compte de la particularité du contexte dans lequel survient la peur et des exigences de la conduite en termes d'attention et de concentration. Il doit fournir des moyens de prévenir la panique avant de passer à la pratique sur le terrain, et ces moyens doivent être adaptés à la conduite.

> La peur est une réaction d'alerte normale et salutaire, déclenchée en cas de danger par notre dispositif de sécurité interne.

La peur de conduire est-elle répandue ?

Il n'y a malheureusement pas de chiffres disponibles sur la fréquence de la peur de conduire dans la population. On peut néanmoins penser que la peur de conduire représente un problème non négligeable, en termes de souffrance et de handicap dans les relations familiales et sociales mais aussi de coûts pour la société, notamment à cause de l'absentéisme professionnel. Les personnes agoraphobes, soit près de 3 % de la population, ont très souvent peur de conduire, et la moitié des victimes d'un accident de la circulation présentent ce problème dans les mois ou les années après l'accident. Pour avoir une idée de l'étendue du problème, il faut ajouter à ces personnes celles qui ont peur du vide, à cause des ponts ; celles qui ont peur d'être enfermées (ponts, tunnels), et enfin les personnes manquant de confiance au volant pour d'autres raisons : parce qu'elles sont anxieuses de nature, ou à cause de l'âge, d'un handicap ou d'une maladie.

La plainte concernant la peur de conduire est liée à la gêne qui en résulte. Tant qu'il est possible d'éviter les endroits problématiques, la gêne reste minime. La peur de conduire apparaît probablement plus souvent dans des régions où l'évitement n'est guère possible en raison du contexte. Par exemple, dans la région de la baie de San Francisco, les déplacements se font pour la plupart en voiture et empruntent obligatoirement autoroutes, ponts et tunnels. Les spécialistes de cette région reçoivent de très nombreuses demandes de traitement*. La demande de soins dépend aussi des possibilités de traitement. Avec celles qui existent aujourd'hui, il est probable qu'à l'avenir les demandes de traitement augmentent et qu'on puisse mieux évaluer la fréquence de la peur de conduire.

> C'est lorsque l'évitement se généralise, ou que les conditions le rendent impossible, que le problème devient très handicapant.

Faites votre propre diagnostic

Il existe différentes formes de peur de conduire. Dans certains cas, ce n'est pas la conduite automobile en soi qui pose problème, mais le fait que le déplacement en voiture amène la personne dans des situations ou des endroits où elle se sent mal, au point de craindre de perdre le contrôle. C'est ainsi que les claustrophobes redoutent les endroits fermés tels que les tunnels et les embouteillages. Les gens qui ont peur du vide se sentent mal à l'aise sur les ponts, les viaducs et les routes de montagne.

---

* Article du *Mercury News* de San José du 3/12/2000.

L'agoraphobie est souvent accompagnée de la peur de conduire, car elle inclut la peur d'être enfermé et/ou la peur du vide. Il s'agit d'un trouble anxieux fréquent, caractérisé par l'évitement des endroits pleins de monde et où on se sent à l'étroit comme les restaurants bondés, les grands magasins, les transports publics ; ou alors des endroits vides, éloignés, inconnus. Certains agoraphobes cumulent les deux types de peur. Le dénominateur commun aux deux formes d'agoraphobie est la crainte de se sentir mal sans avoir la chance de s'en sortir, soit parce qu'on est enfermé, soit parce qu'on est loin de tout.

Les principales causes de la peur de conduire

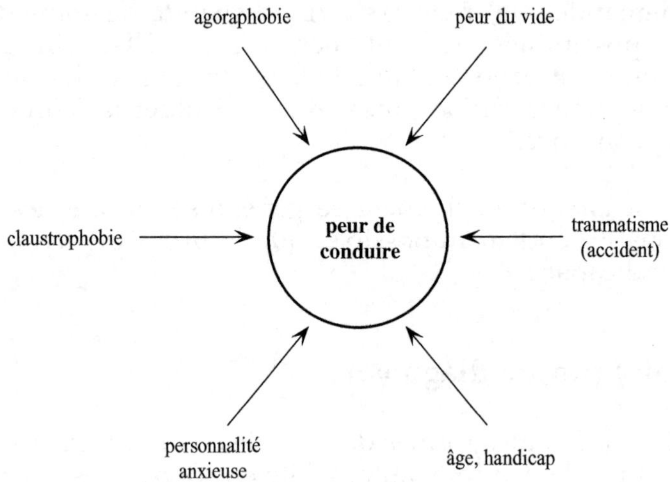

Parfois ce n'est pas tel endroit qui pose problème, mais la conduite automobile elle-même. Pour certains, se mettre au volant rappelle un souvenir pénible ou traumatique, un accident. D'autres ont l'impression, à tort ou à raison, de n'être pas à la hauteur des exigences de la conduite, d'être dépassé par les événements lorsqu'ils sont au volant. On voit cela chez des personnalités anxieuses, perfectionnistes ou soucieuses, mais aussi chez certaines personnes âgées ou handicapées.

La figure p. 24 résume les principales causes de la peur de conduire. Faites votre propre diagnostic, c'est-à-dire déterminez à quelle(s) catégorie(s) votre peur de conduire appartient. En effet, nous verrons plus loin que la solution doit être adaptée au problème. Même s'il existe une panoplie thérapeutique de base, les outils à utiliser ne sont pas forcément les mêmes selon qu'il s'agit de la peur du vide, de la peur consécutive à un accident ou de la peur d'être enfermé.

Incluez dans votre évaluation la liste de toutes les situations où vous ressentez un malaise en conduisant, y compris des endroits que vous évitez totalement. Faites une liste des sensations physiques désagréables qui constituent votre malaise, et des pensées inquiétantes qui les accompagnent. Chiffrez pour chaque situation ou endroit votre degré de malaise et d'évitement. Utilisez pour cela l'échelle ci-dessous :

Échelle d'évaluation de l'anxiété au volant

0	1	2	3	4	5	6	7	8	9	10
aucune anxiété je n'évite pas du tout		anxiété légère j'évite rarement		anxiété modérée j'évite parfois		anxiété prononcée j'évite assez souvent		anxiété forte j'évite très souvent		anxiété insupportable j'évite toujours

Au cœur du problème : la peur de paniquer

La phobie est une peur irrationnelle, une réaction d'alerte déclenchée en l'absence d'un danger manifeste. On pourrait la comparer à une fausse alerte, dont les signaux sont les mêmes que ceux de la vraie alerte, même si les causes et les conséquences sont différentes. La panique représente le degré extrême de la peur par son caractère violent et sa rapidité foudroyante. Or la peur de paniquer est au cœur de la peur de conduire. Pour comprendre cela, il faut se représenter la panique comme une fausse alerte tournant mal par une sorte d'autoallumage. En effet, c'est l'état d'alerte déclenché par erreur qui est perçu comme dangereux et s'alimente lui-même. De ce fait, le cercle vicieux prend rapidement une intensité extraordinaire s'il n'est pas interrompu, car l'alerte dépend du système nerveux autonome dont l'action est réflexe, très rapide et indépendante de la volonté. On pourrait comparer la panique à un cyclone s'entretenant lui-même en incorporant des ingrédients qu'il produit en partie et qui accroissent son énergie. Comme le cyclone, la panique est le produit d'ingrédients qu'elle contribue à provoquer : ce sont les sensations, les pensées et les actions de la peur qui se renforcent réciproquement entre eux et avec la panique.

Les sensations physiques traduisent une mobilisation effrénée et désordonnée du corps : palpitations, oppression respiratoire, transpirations, tétanie ou relâchement extrême des muscles, modification de la vision, etc. Les pensées tournent au scénario catastrophe au lieu de correspondre à une appréciation réaliste du danger : *je me sens mal, donc je vais perdre le contrôle de moi-même et du véhicule...* Les actions sont inadéquates et inefficaces : paralysie ou agitation.

Le cyclone « panique »

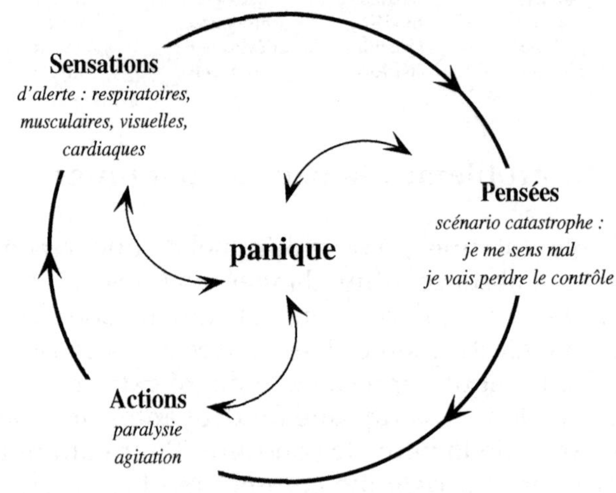

> La panique et la peur de paniquer représentent le cœur de toutes les formes d'anxiété.

La plupart des gens font une fois ou l'autre dans leur vie une panique, soit spontanée soit provoquée par une situation où ils se sentent, à tort ou à raison, en danger extrême. Si vous avez ressenti une fois, de manière inattendue, un malaise intense et de brève durée (quelques minutes au plus) comprenant plusieurs symptômes du tableau ci-dessous, il est probable que vous ayez fait ce que les spécialistes appellent une *attaque de panique*. Pour certaines personnes, qui trouvent une explication, justifiée ou non, au phénomène, celle-ci reste sans lendemain. Pour d'autres, l'expérience est tellement traumatisante qu'elles sont hantées par la survenue d'une nouvelle crise et se mettent à éviter non seulement la situation où la première crise s'est produite, mais par extension tous les endroits qui rappellent de près ou de loin cette situation.

LES SYMPTÔMES DE LA PANIQUE

— Palpitations
— Accélération du cœur
— Douleurs dans la poitrine
— Difficulté à respirer
— Gêne abdominale
— Vertiges
— Crispations musculaires
— Chaud-froid
— Fourmillements
— Peur de s'évanouir
— Peur de perdre le contrôle
— Peur de devenir fou
— Peur de faire une attaque

Lorsqu'une panique spontanée se produit alors qu'on est en train de conduire, le risque est grand de voir s'installer la peur d'une nouvelle panique au volant. La peur de conduire est apparue.

Le cas de Jean, décrit en début de chapitre, correspond à cette situation. Lorsqu'un comportement d'évitement s'ensuit, il s'étend assez vite à d'autres situations analogues, puis de plus en plus éloignées de la situation initiale : des tunnels l'évitement s'étend aux rues étroites et encombrées, aux centres urbains, à l'autoroute et parfois se généralise à toutes les situations et la personne cesse complètement de conduire. Même s'il n'y a jamais eu de vraie panique, la peur de paniquer est toujours présente dans la peur de conduire.

> La peur de conduire est toujours fondée sur la peur de paniquer, de « perdre les pédales », de perdre le contrôle, de soi d'abord, du véhicule ensuite.

La panique correspond-elle toujours à une fausse alerte ou existe-t-il un réel danger de perte de contrôle et d'accident chez les gens qui ont peur de conduire ? On ne connaît pas d'accident grave provoqué par une crise d'angoisse qui aurait entraîné la perte de contrôle du véhicule. Les conducteurs qui perdent la maîtrise de leur véhicule sont plutôt les téméraires dont la peur normale n'est pas assez développée et qui méconnaissent leurs limites, ainsi que les personnes dont la vigilance est abaissée par la consommation d'alcool ou d'autres substances.

> Les anxieux ne sont pas des conducteurs dangereux car ils s'arrêtent lorsqu'ils se sentent mal.

Comment sortir de la peur

Sur quoi pouvez-vous agir ?

La panique étant au cœur de la peur de conduire, surmonter celle-ci consiste avant tout à mettre en œuvre des moyens de lutter contre la panique. Mieux encore, l'empêcher de survenir. Comment ? Les causes de la panique sont nombreuses. Certaines sont situées en amont de la crise, dans un passé parfois lointain. Il n'est guère possible d'agir sur ces facteurs pas plus que de réécrire l'histoire. D'autres mécanismes se situent au moment de la crise, en particulier l'enchaînement sensations-pensées-actions. Sur ceux-ci il vous est possible d'agir, de même que sur un élément qui entretient la peur, l'évitement.

Avant d'y venir, il y a encore un point à clarifier. Les lois de la nature veulent que tout état d'excitation s'épuise de lui-même après un certain temps. Ce laps de temps est d'autant plus court que l'excitation a été intense, comme c'est le cas dans la panique. Une armée ne peut pas rester indéfiniment en état d'alerte maximal, faute de quoi ses soldats seraient pris d'un sommeil incoercible au bout de quelques jours ! Le cyclone s'épuise de lui-même après quelque temps. Quant à la panique, l'énergie disponible pour une mobilisation extrême est limitée à quelques secondes, au plus quelques minutes.

> De toute manière, *quoi que vous fassiez*, la panique cesse toujours par elle-même et sans dommage pour votre santé, après quelques minutes au plus.

Néanmoins, il ne vous suffit probablement pas de savoir que votre panique ne durera pas éternellement. Vous souhaitez disposer de moyens pour la maîtriser et empêcher qu'elle survienne. Pour cela, il faut en comprendre les mécanismes. On l'a vu, la panique est comme un cyclone qui enfle au fur et à mesure qu'il se nourrit des ingrédients qu'il contribue à fabriquer :

- des sensations physiques déplaisantes,
- des pensées catastrophiques,
- des actions inadéquates.

La panique est due à une manière erronée de sentir, de penser et d'agir. Prévenir et combattre la panique implique donc de corriger la manière de sentir, de penser et d'agir. Corriger la manière de sentir, de penser et d'agir provoquée par la panique n'est pas simple car ces réactions inadéquates ne peuvent pas être supprimées par un effort volontaire puisque le système nerveux autonome n'obéit pas à la volonté. Il faut contourner l'obstacle. Deux possibilités existent pour cela, que nous combinerons dans le traitement :

• Au lieu de vouloir à tout prix supprimer les sensations déplaisantes, les accepter, admettre que le corps puisse se mettre en alerte sans raison apparente.

• Provoquer volontairement des sensations, des pensées et des actions alternatives, plus appropriées à la situation et qui vont progressivement remplacer les réactions d'alerte injustifiées.

Accepter que son corps se soit mis en état d'alerte sans qu'on sache pourquoi est possible, à condition d'interpréter correctement les sensations déplaisantes. La présence de ces sensations signifie que votre corps a déclenché une alerte à votre insu. Cela ne veut pas dire qu'elles-mêmes sont dangereuses ou qu'une catastrophe est en cours. Rappelez-vous que lorsque le général mobilise ses troupes, c'est pour faire peur à l'ennemi, pas pour effrayer ses compatriotes ! Familiarisez-vous avec ces sensations d'alerte qui sont certes déplaisantes mais pas désastreuses. L'accélération du pouls, de la respiration, une oppression de la poitrine ou les jambes en coton, vous avez déjà ressenti tout cela dans d'autres contextes comme le sport ou les relations sexuelles sans que cela vous inquiète, bien au contraire !

La meilleure façon de vous familiariser avec ces sensations, de manière à ce qu'elles ne vous perturbent plus lorsqu'elles se produisent au volant, est de les produire volontairement de manière répétée. Les exercices proposés dans le deuxième chapitre de l'ouvrage ont ce but. Il en va des scénarios catastrophe comme des sensations physiques. Interprétez-les correctement, dans le sens qu'ils font partie de l'état d'alerte dans lequel toutes les éventualités doivent être envisagées, y compris les pires. Exposez-vous volontairement à eux de manière à vous habituer* et à ne plus être pris par surprise lorsqu'ils surgissent. Si vous parvenez à les apprivoiser, vous resterez serein au lieu d'avoir votre attention obnubilée par eux.

> L'habituation permet de reconnaître et d'interpréter correctement les sensations physiques de la peur pour ce qu'elles sont.

* L'habituation est le mécanisme par lequel une stimulation répétée ou prolongée ne produit plus, à la longue, le même effet.

Voilà pour ce qui peut être corrigé dans votre manière de sentir et de penser. Le troisième volet de la stratégie antipanique consiste à mettre en place une manière d'agir différente. Accepter et interpréter correctement les sensations et les scénarios d'alerte est déjà une action (mentale) alternative.

L'autre chose à faire est de contrôler ce qui est contrôlable dans vos réactions physiques. La respiration, le tonus musculaire et la vision sont des fonctions qui peuvent obéir dans une certaine mesure à la volonté. Reprendre le contrôle de votre comportement physique signifie faire en sorte qu'il cesse d'envoyer des messages d'alerte intempestifs et injustifiés. En somme, l'interprétation correcte de ce qui se passe, l'habituation et le contrôle sur votre corps agissent de manière complémentaire dans le même but : vous permettre de ne plus être en état d'alerte permanent alors que cela n'est pas justifié !

Évitez le piège de l'évitement

Une fois la panique maîtrisée, il est nécessaire de lutter contre l'évitement. La panique entraîne la peur de paniquer à son tour qui entraîne l'évitement des situations redoutées. L'évitement est un piège : s'il soulage à court terme, il est en réalité un puissant facteur d'entretien de la peur. Chacun sait qu'on ne remontera plus jamais à cheval si on ne remonte pas tout de suite après la chute, car on donne à la peur le temps de s'incruster solidement. Il s'agit là d'un mécanisme universel : l'évitement diminue la peur à court terme, mais la consolide à long terme. À l'inverse, la confrontation augmente la peur à court terme mais permet son extinction à long terme.

Dans la peur de conduire comme dans les autres phobies, l'évitement se situe sur deux plans. Par peur de paniquer, on cherche à éviter à la fois les phénomènes internes déplaisants que sont les sensations physiques d'alerte et les scénarios catastrophe ; mais aussi les situations extérieures vécues comme dangereuses, comme les tunnels, les ponts, etc. L'exposition doit s'adresser aux deux aspects de l'évitement. Nous avons mentionné plus haut l'exposition aux sensations physiques et aux scénarios. L'exposition aux situations évitées doit respecter quelques règles. Pour être efficace, et ne pas

Les conséquences de l'évitement

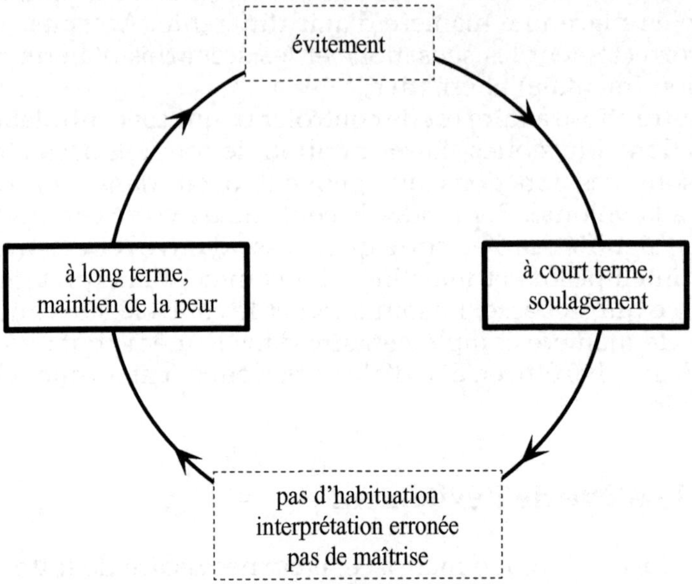

risquer de provoquer une augmentation de la peur, l'exposition doit être systématique et régulière, progresser selon un rythme fixé par vous, et franchir peu à peu des paliers que vous aurez définis à l'avance. Des exemples concrets d'exposition sont présentés dans le troisième chapitre de l'ouvrage « Affrontez votre peur pas à pas » et dans le quatrième « Adaptez votre comportement au contexte ».

> À condition qu'elle soit pratiquée de manière contrôlée, progressive et supportable, l'exposition à la situation redoutée est le meilleur moyen de diminuer la peur.

Des recherches sont menées actuellement pour évaluer les possibilités de la réalité virtuelle comme moyen d'exposition. L'exposition est réalisée grâce à un simulateur, à l'instar de ce qui se fait pour la formation des pilotes. À l'heure actuelle, ces recherches sont

Les conséquences de l'exposition

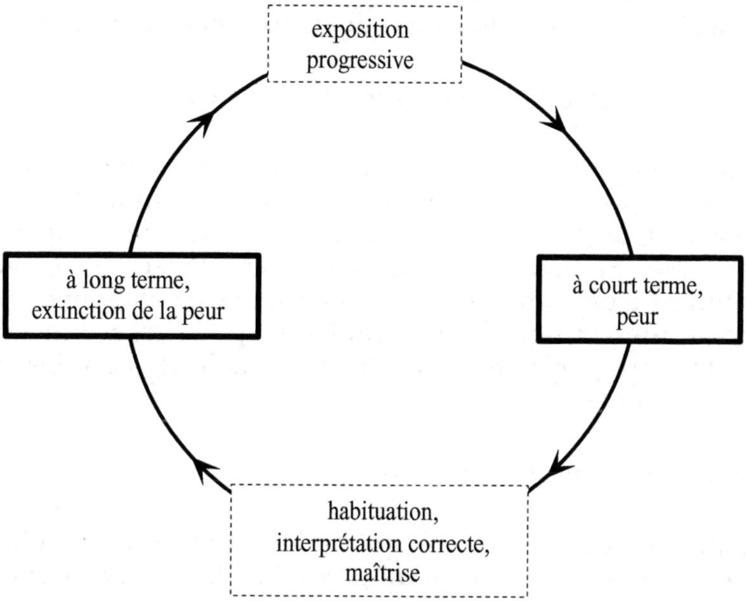

encore au stade expérimental et, au bout du compte, l'exposition dans la réalité est incontournable.

Comment procéder ?

Après avoir parcouru le livre, vous avez décidé de vous attaquer à votre problème et vous vous demandez comment procéder pratiquement. Pour commencez, évaluez votre peur de conduire.

1. Déterminez le type de peur de conduire dont vous souffrez : claustrophobie ? peur du vide ? agoraphobie ? consécutive à un accident ? liée à l'âge ? vous êtes de nature anxieuse ?

2. Faites la liste des situations difficiles pour vous : tunnels ? ponts ? autoroutes ? embouteillages ? routes de montagne ? longs trajets ? trafic rapide et dense ? routes inconnues ?

3. Pour chacune de ces situations évaluez votre degré d'anxiété et d'évitement avec l'échelle fournie (voir p. 25).

Ensuite demandez-vous ce que vous attendez du traitement.

Fixez-vous des objectifs concrets et réalistes

Par exemple, si actuellement vous évitez totalement les tunnels, vous pourriez avoir comme premier objectif d'être capable de traverser un tunnel de longueur moyenne avec une anxiété supportable. Si vous avez complètement arrêté de conduire, votre but sera de commencer par reprendre le volant et de rouler sur des routes tranquilles et familières ; puis, en cas de succès, d'élargir votre périmètre à des trajets plus longs et à des routes plus fréquentées.

Chaque chose en son temps

L'étape suivante est d'acquérir la maîtrise des outils antipanique. Appliquez la méthode présentée dans le deuxième chapitre de l'ouvrage « Forgez vos outils antipanique ! » Consacrez le temps nécessaire à vous entraîner hors de la voiture, puis au volant en dehors des contextes difficiles pour vous. Ensuite, exposez-vous méthodiquement et progressivement aux situations difficiles. À ce stade, cherchez un partenaire de confiance (parent, ami) pour accompagner vos premiers pas dans l'exposition aux situations redoutées. Adaptez cette phase de votre traitement aux besoins spécifiques de votre problème, tels que vous les avez déterminés dans le diagnostic. Cette partie du traitement est cruciale, accordez-lui (et à vous !) du temps, de la persévérance et de la patience ! Vous trouverez des indications détaillées sur la manière d'ajuster le traitement aux problèmes particuliers dans le troisième et le quatrième chapitre de l'ouvrage « Affrontez votre peur pas à pas » et « Adaptez votre comportement au contexte ». Ces chapitres sont séparés pour la clarté de l'exposé. Dans la réalité, leurs sujets sont intriqués. Par exemple, les problèmes liés à la peur d'être enfermé, traités dans le troisième chapitre, se retrouvent dans certains paragraphes du quatrième chapitre consacrés aux tunnels, aux embouteillages, etc.

MÉFIEZ-VOUS DU PORTABLE !

Le téléphone portable est devenu un auxiliaire très prisé des personnes dont la peur de conduire se rattache à l'agoraphobie. Lorsqu'on a peur de se trouver mal dans un endroit fermé ou éloigné, il est rassurant de savoir qu'en cas de besoin le petit appareil permettra d'appeler à l'aide. Attention cependant, car le portable est une arme à double tranchant ! Comme l'évitement, il tranquillise dans l'immédiat mais entretient la peur à long terme. En effet, être rassuré par la présence du portable signifie déléguer sa sécurité à quelqu'un d'autre, situé au bout de la ligne ! Cela entretient le manque de confiance en vous et instaure une dépendance. Et puis, le portable peut tomber en panne, ou ne pas fonctionner. Si cela arrive et que vous aviez placé toute votre confiance dans ce moyen de secours et non en vous-même, vous vous sentirez alors très démuni !

Respectez la règle de la progressivité dans l'exposition

Respectez les paliers comme en plongée. Ne passez pas au palier suivant avant d'avoir bien maîtrisé le palier en cours. Par bien maîtriser il faut entendre être capable d'accomplir la tâche, par exemple parcourir le trajet d'autoroute situé entre deux sorties consécutives, en éprouvant un degré d'anxiété nul ou léger, en tout cas tout à fait supportable. Si vous ne respectez pas la règle des paliers et brûlez les étapes, vous allez aborder un niveau de difficulté situé au-dessus de vos capacités et risquez de paniquer. Cela vous ferait reculer de plusieurs échelons dans votre progression. Une bonne partie du travail serait à refaire, ce qui signifierait temps perdu et efforts inutiles ! Lorsque vous avez atteint le dernier palier, appliquez la même méthode aux autres problèmes. Par exemple, après les ponts, les tunnels, puis l'autoroute. Enfin, refaites périodiquement l'évaluation chiffrée de votre peur. Cela vous aidera à mesurer le chemin parcouru et à détecter des blocages éventuels.

> Franchissez les étapes méthodiquement, comme on monte les marches d'escalier une à une.

QUELQUES CONSIGNES DE SÉCURITÉ

— Allez-y progressivement.
— Forgez vos outils antipanique avant de passer au volant.
— Faites-vous accompagner lors de vos premières expositions.
— En cas de panique, arrêtez-vous dès que cela est possible.
— Ne repartez que lorsque vous avez repris le contrôle.

Cette méthode s'attaque-t-elle aux racines du problème ?

On admet aujourd'hui qu'un problème psychologique est le résultat d'une chaîne complexe d'événements. Les premiers éléments de la chaîne remontent au début de la vie (contexte familial, relations avec les parents), voire avant même la naissance (prédispositions héréditaires) alors que les derniers se déroulent dans le présent. Ceux-ci concernent la manière de réagir à son problème, qui peut soit contribuer à l'aplanir soit au contraire l'entretenir. Dans ce sens, les éléments situés dans le présent ne sont pas seulement des conséquences, mais aussi des causes. Il est donc vrai que le traitement proposé ici ne s'adresse qu'à une partie de la chaîne problématique. Mais il s'adresse aux causes les plus accessibles au changement, puisque se déroulant dans le présent, alors qu'il n'est plus guère possible d'agir sur les facteurs situés dans un passé lointain. Néanmoins, si votre problème est de très longue date, ou si vous avez des difficultés psychologiques dans d'autres domaines de votre vie, il est probable que votre thérapie doive s'élargir. Prenez conseil auprès d'un spécialiste en utilisant les adresses données à la fin du livre.

> Vos difficultés actuelles sont les conséquences de problèmes passés, mais s'auto-entretiennent elles-mêmes.

Quand et à qui demander de l'aide ?

Après avoir lu le livre, vous ne vous sentez peut-être pas prêt pour entreprendre le traitement par vous-même. Ou bien en cours de traitement vous vous heurtez à un obstacle trop coriace. Ne vous découragez pas, il est simplement temps de demander de l'aide. Cela peut arriver à chacun d'entre nous, dans n'importe quelle entreprise de sa vie, privée ou professionnelle. À qui demander de l'aide pour votre peur de conduire ? Le premier cercle auquel vous devriez penser est celui de vos proches. Parlez de votre problème à un proche de confiance : conjoint, partenaire, parent ou ami, conducteur bien sûr. S'il s'agit d'un problème très ponctuel, il pourra peut-être vous aider à le dépasser. S'il est plus global, parlez-lui du livre, donnez-le lui à lire et demandez-lui s'il est d'accord de vous accompagner dans votre démarche pour affronter votre peur de conduire. Cela consistera à vous superviser dans la pratique des exercices antipanique, à vous corriger si nécessaire, et à vous accompagner lors de vos premières sorties au volant.

Une autre possibilité est de faire appel à un spécialiste de la conduite qui soit sensibilisé à la peur de conduire : moniteur d'auto-école, automobile club, etc.

> N'ayez pas honte de demander de l'aide !

Une troisième ressource disponible est celle des professionnels de la santé, médecins et psychologues. Le médecin, généraliste ou psychiatre, pourra vous aider à préciser le diagnostic et discuter de l'indication éventuelle d'un traitement médicamenteux (voir chapitre suivant). Du côté des psychologues et des psychiatres, cherchez un thérapeute formé à la thérapie comportementale et cognitive, dont les principes sont à la base de cet ouvrage. C'est en effet ce type de traitement qui est le mieux à même de vous aider. Si l'autothérapie (traitement par soi-même) que propose le livre vous semble trop difficile, n'hésitez pas à faire appel à un thérapeute. Vous trouverez à la fin de cet ouvrage des adresses qui devraient vous permettre de vous adresser à un thérapeute formé à cette méthode dans votre région. Il vous aidera à affronter votre peur de conduire, et sera également en mesure d'entreprendre un traitement plus large si vous souffrez d'un problème complexe ou sévère.

Les médicaments peuvent-ils aider ?

Aucun médicament n'est efficace sur la peur de conduire. Toutefois, certains médicaments sont efficaces sur le trouble panique. Les spécialistes désignent par ce terme une forme d'anxiété caractérisée par la survenue répétée de paniques. Pour parler de trouble panique, il faut qu'il y ait eu au moins une fois une attaque de panique spontanée, et que la crainte d'une nouvelle crise soit présente pendant au moins un mois. Si vous avez le sentiment que votre peur de conduire est accompagnée d'un trouble panique correspondant à ces critères, un traitement médicamenteux avec un *ISRS* (Inhibiteur sélectif de la Recapture de la Sérotonine) pourrait être indiqué. Dans ce cas, consultez un médecin pour confirmer le diagnostic et discuter des possibilités de traitement. Mais attention, les médicaments, contrairement à la thérapie, ne traitent que les attaques de panique mais pas le comportement d'évitement ! Si vous entreprenez un traitement médicamenteux du trouble panique, il faudra que vous vous *exposiez* progressivement et régulièrement, une fois les paniques sous contrôle grâce au médicament. Cela implique de vous astreindre à conduire si possible tous les jours, en élargissant peu à peu votre périmètre de déplacement selon la règle des paliers mentionnée plus haut. Si vous évitez d'autres situations que la conduite automobile, l'exposition devra être appliquée systématiquement à toutes les situations évitées.

> Les ISRS traitent seulement la panique. À vous de vous exposer !

Quant aux tranquillisants, sauf exception et nécessité impérieuse à discuter très soigneusement avec votre médecin, ils n'ont pas leur place dans le traitement de la peur de conduire. En effet ils peuvent modifier la vigilance et augmenter le risque d'accident !

Chapitre 2

Forgez vos outils antipanique !

Premier outil : la respiration en carré

Halte à la panique respiratoire

Pour introduire le sujet, battons la mesure...

Vous allez ici vous transformer pendant quelques minutes en chef d'orchestre battant la mesure de votre propre musique intérieure, celle de votre rythme respiratoire. Dessinez dans l'espace devant vous un carré imaginaire avec votre main, en comptant à haute voix : *1-2-3-4*. La figure ci-dessous reproduit les mouvements de votre main. Il s'agit d'une mesure à quatre temps un peu parti-

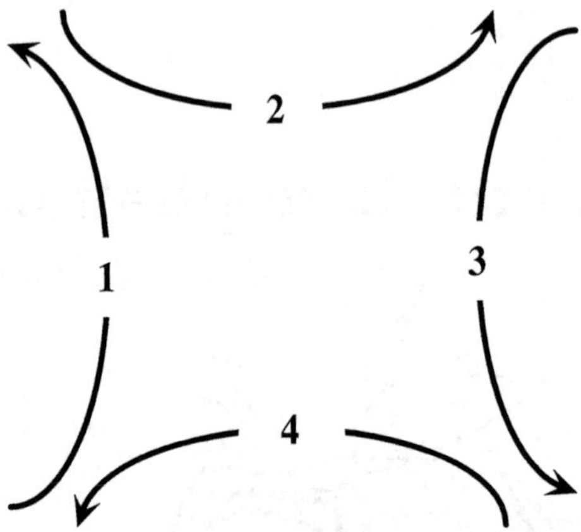

culière puisqu'elle forme un carré et non une croix comme la mesure à quatre temps des musiciens. Battez plusieurs fois de suite cette mesure à quatre temps, jusqu'à ce que le mouvement soit devenu familier et régulier. Puis adaptez le rythme de votre respiration de manière à ce qu'elle corresponde aux temps de la mesure, en procédant ainsi :

1. Inspirez l'air *par le nez* tout en élevant la main au premier temps en disant intérieurement « inspirer » au lieu de dire à haute voix « un ».

2. Gardez un moment l'air dans les poumons pendant que vous déplacez la main vers la droite en disant intérieurement « pause ».

3. Au troisième temps videz l'air des poumons, *toujours par le nez*, pendant que vous abaissez la main tout en vous disant « expirer ».

4. Au quatrième temps respectez à nouveau une pause respiratoire pendant que vous ramenez la main à gauche vers son point de départ en vous disant « pause ».

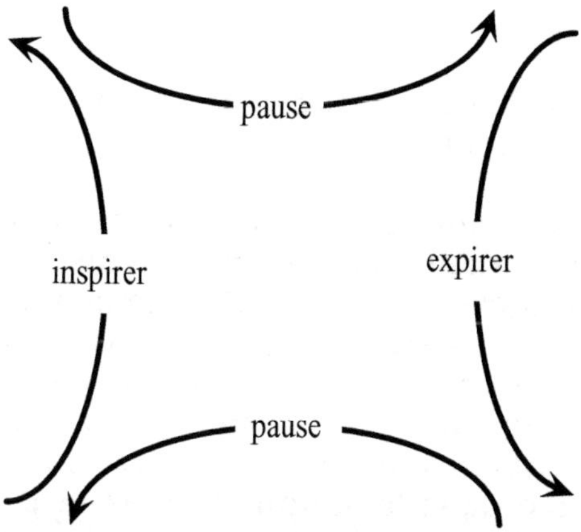

Recommencez l'opération plusieurs fois de suite jusqu'à ce que votre respiration soit bien en rythme avec la battue de la mesure.

La respiration est un rythme avant tout, comme la musique. La respiration est habituellement non consciente et non volontaire. Le but de ce prélude est de vous amener à porter votre attention sur la respiration, de vous faire prendre conscience de son caractère rythmique et de la possibilité de la contrôler volontairement en prenant modèle sur la battue d'une mesure à quatre temps.

La peur modifie la manière de respirer

La respiration joue un rôle essentiel dans la peur. Nous allons décrire dans ce chapitre les relations existant entre la respiration et la peur. La manière de respirer peut aggraver la peur ou au contraire la diminuer. Réciproquement, la peur modifie la respiration, soit dans le sens d'une accélération respiratoire (hyperventilation) soit au contraire dans le sens d'un blocage respiratoire (apnée). Comme toutes les manifestations de la peur dues au système nerveux autonome, la modification de la respiration est involontaire. Souvent elle est imperceptible, notamment lorsque les perturbations du rythme respiratoire restent discrètes.

> La peur accélère ou bloque la respiration, souvent sans qu'on s'en rende compte !

Dans ce cas, seule une observation attentive de votre manière de respirer au moment même où vous êtes anxieux vous permet de vous rendre compte des changements qui se sont produits à votre insu. L'hyperventilation se manifeste de plusieurs manières : accélération du rythme respiratoire, ouverture de la bouche et utilisation de celle-ci comme voie respiratoire principale, mouvements respiratoires amples impliquant la cage thoracique, comme dans le soupir. Parfois la peur provoque à l'inverse une diminution de l'amplitude et du rythme respiratoire pouvant aller jusqu'au blocage momentané de la respiration (apnée). Assez souvent enfin la respiration semble irrégulière voire anarchique, mais une observation plus précise montre alors en réalité une alternance de phases d'apnée et d'hyperventilation se succédant les unes aux autres dans un mécanisme de compensation, sans qu'on ne sache plus par quoi cela a commencé : apnée suivie d'une hyperventilation compensatrice ou apnée compensatrice de l'hyperventilation. Il est important de repérer les modifications de votre manière respirer dues à la peur car celles-ci sont responsables d'une bonne partie des sensations déplaisantes que vous éprouvez en ayant peur. Lorsque vous les avez identifiées, il faut les interpréter comme faisant partie de l'état d'alerte et non comme annonciatrices d'une catastrophe imminente.

Les conséquences respiratoires de la peur

Les sensations produites par les modifications de la respiration sont nombreuses et certaines surprenantes dans la mesure où elles semblent à première vue n'avoir aucun rapport avec la respiration. Nous verrons plus loin comment ces sensations peuvent s'expliquer. Parmi les sensations associées à l'hyperventilation on peut mentionner les vertiges, les fourmillements, les picotements et d'autres sensations bizarres dans les mains et les jambes ; les sensations de lourdeur, de chaleur, de douleur ou encore de serrement dans la tête ; la gorge sèche et nouée ; l'oppression de la poitrine, l'impression de manquer d'air, d'avoir de la peine à respirer. Quant à l'hypoventilation et l'apnée, elles provoquent une sensation de manque d'air, d'étouffement ; parfois des sortes de crampes abdominales dans la région située au-dessus de l'ombilic. Lorsque la respiration est caractérisée à la fois par l'hyperventilation et l'apnée, les deux types de sensations sont présents.

LES SENSATIONS D'ORIGINE RESPIRATOIRE

— Vertiges
— Fourmillements
— Picotements
— Tête lourde, serrée
— Chaleur
— Vision troublée
— Gorge sèche
— Gorge serrée
— Serrement à la poitrine
— Douleur à la poitrine

Des pensées accompagnent ces sensations. Il s'agit en général d'interprétations erronées des sensations physiques dues aux modifications de la respiration. Sensations et pensées sont très intriquées, et il est parfois difficile de les distinguer. Les interprétations sont généralement pessimistes : *Il m'arrive des sensations bizarres, j'ai la tête lourde... C'est anormal*. Elles peuvent prendre l'intensité d'un véritable scénario catastrophe : *Que se passe-t-il ? Ma tête tourne... Je vais m'évanouir... Je sens de drôles de fourmillements dans les bras et dans les doigts... Si ça continue, je vais perdre le contrôle...*

Explication

Rappelons-nous le lien entre la peur et l'état d'alerte, car il permet de comprendre les manifestations respiratoires de la peur. Face à une menace, le comportement respiratoire s'adapte automatiquement à la situation et participe à la mobilisation générale déclenchée par le système nerveux autonome. L'organisme se prépare à se battre ou à prendre la fuite. Dans les deux cas, les besoins énergétiques sont accrus. La respiration s'accélère (hyperventilation), ce qui permet d'amener davantage d'oxygène dans les tissus mobilisés, en particulier les muscles. Parfois la solution est de se cacher et d'essayer de passer inaperçu. Dans ce cas, la respiration est de petite amplitude et ralentie (hypoventilation). En dernière extrémité, lorsque ni le combat ni la fuite ne sont possibles, reste la stratégie consistant à faire le mort. Dans ce cas, la respiration est suspendue (apnée) jusqu'à ce que le danger ait disparu.

Quel rapport peut-il y avoir entre la modification de la respiration et les nombreuses sensations déplaisantes que cela entraîne ? C'est surtout l'hyperventilation qui provoque le plus de sensations risquant d'être mal interprétées. Ces sensations sont dues aux changements chimico-physiques produits dans l'organisme par l'hyperventilation. Le principal changement concerne le gaz carbonique, déchet des combustions intérieures évacué vers l'extérieur à chaque expiration. L'hyperventilation produit une augmentation de l'évacuation du gaz carbonique alors que la production de gaz carbonique n'est pas augmentée puisque vous n'êtes pas en train de produire un effort physique soutenu. Il en résulte une diminution de la concentration de gaz carbonique dans le sang, qui se traduit subjectivement par diverses sensations désagréables : vertiges, picotements ou autres sensations bizarres dans les mains, les jambes ou la tête. Le caractère rapide et haletant de l'hyperventilation a une autre conséquence sur les échanges gazeux : le temps disponible pour les échanges gazeux est court, et une sensation d'asphyxie par manque d'oxygène peut s'ajouter aux effets du manque de gaz carbonique, alors que vous respirez plutôt trop que pas assez. La peur est en outre alimentée par d'autres sensations physiques désagréables, en particulier celles qui sont dues aux conséquences non plus chimiques mais physiques de l'hyperventilation. L'utilisation de la bouche a pour effet de renforcer l'hyperventilation et ses conséquences, puisque la bouche ventile un plus grand volume d'air que les narines. La respiration buccale entraîne deux autres conséquences qui se traduisent aussi par des sensations déplaisantes. La première est que la gorge et les voies respiratoires se dessèchent et se resserrent lorsque l'air que l'on inspire n'est pas humidifié et réchauffé par le passage à travers les narines. Vous avez certainement déjà ressenti ce phénomène lorsque vous êtes enrhumé par un hiver très froid. Si vous devez faire un effort et que vous inspirez par la bouche beaucoup d'air très froid et sec, vous êtes pris d'une sensation de serrement de la gorge et des bronches qui peut aller jusqu'à une impression de brûlure. Respirer avec la bouche accroît donc l'impression de gêne respiratoire. Or avec la gêne respiratoire, des pensées inquiétantes apparaissent immanquablement. Un scénario catastrophe peut s'enclencher très vite à moins d'interpréter correctement ce qui se passe et de corriger le comportement respiratoire.

La respiration buccale a une autre conséquence physiologique négative, celle de faire participer la cage thoracique à la respiration. Vous pouvez aisément en faire l'expérience. Respirez d'abord par le nez uniquement, en fermant la bouche. Vous sentez que c'est le ventre, plus exactement le diaphragme, qui respire, alors que le thorax ne participe presque pas aux mouvements respiratoires. C'est le mode respiratoire le plus naturel et le plus fonctionnel au repos. Maintenant respirez par la bouche en plus du nez. Vous devez sentir que le thorax participe beaucoup plus à la respiration. Or les muscles thoraciques sont de petits muscles accessoires, qui ne devraient entrer en fonction pour renforcer les mouvements respiratoires que lors d'efforts particulièrement

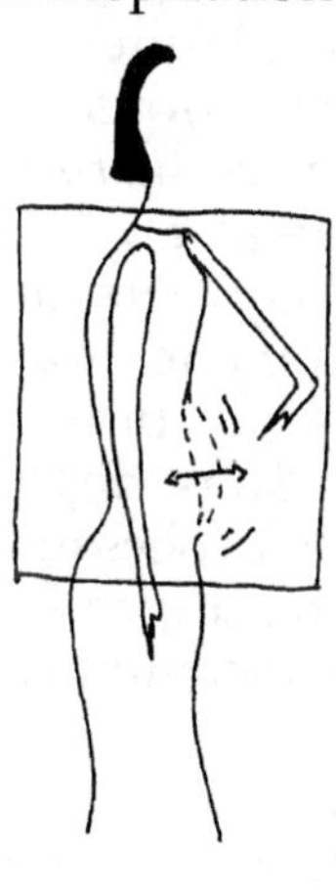

soutenus. Ils se fatiguent en effet beaucoup plus vite que le diaphragme, et si vous les utilisez excessivement et sans raison, ils s'épuisent vite et donnent une sensation d'oppression douloureuse dans la poitrine. Vous avez alors le sentiment de manquer d'air alors que vous respirez trop ! En outre, la participation du thorax à la respiration renforce l'hyperventilation puisque le volume d'air inspiré est plus grand que dans le cas de la respiration exclusivement abdominale. Conclusion : au repos, il vaut mieux respirer uniquement par le ventre, donc par le nez !

À l'inverse de l'hyperventilation, la diminution et le blocage respiratoire peuvent aussi se produire dans les états d'alerte et dans la peur. Un choc nous coupe le souffle. Nous retenons notre souffle dans l'attente d'un événement important qui mobilise toute l'attention, ou pour passer inaperçu. Rappelez-vous qu'enfant vous avez suspendu votre respiration pour ne pas être attrapé au jeu de cache-cache, ou pour jouer à faire le mort pour effrayer votre mère ! Dans des situations exceptionnelles comme la guerre ou une agression, ce comportement n'est pas un jeu et peut sauver la vie. L'hypoventilation et l'apnée se traduisent par une sensation de peine à respirer et de suffocation due à la diminution de l'apport d'oxygène, et parfois par des crispations abdominales dans la région du plexus solaire au-dessus du nombril.

Toutes ces sensations désagréables et pour certaines surprenantes peuvent donner lieu à des pensées négatives voire catastrophiques en cas de panique. C'est ce qui se passe si les sensations sont interprétées de manière erronée : *Je ressens des choses anormales, c'est que je deviens fou… ou je suis en train de faire une attaque cérébrale, je perds le contrôle…* Le risque d'interprétation incorrecte des sensations physiques est plus grand encore si vous ne vous êtes pas rendu compte des modifications de votre respiration. Vous n'apercevez que leurs conséquences, des sensations déplaisantes apparaissant soudainement et sans motif. Ce processus alimente le cercle vicieux de la peur. Celui-ci peut être représenté par la figure suivante pour ce qui est de sa dimension respiratoire :

Peur et respiration

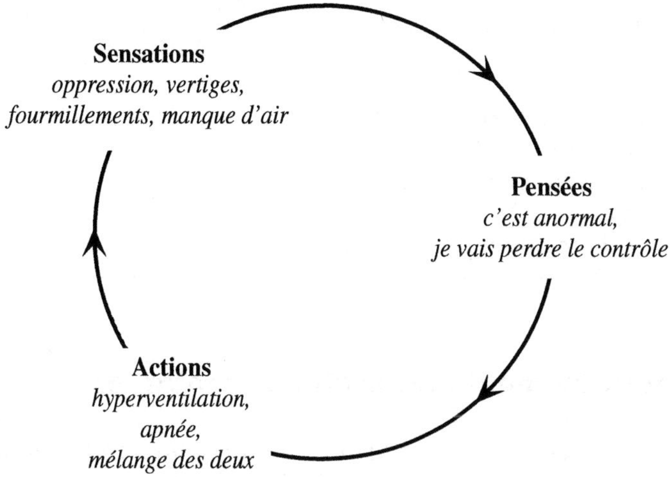

Comment corriger ?

Les principes thérapeutiques seront les mêmes pour tous les systèmes physiologiques mobilisés par la peur. On s'efforcera d'intervenir sur les trois composantes du cercle vicieux de la peur : pensées, sensations et actions. Vous agirez d'abord sur les pensées en apprenant à identifier et interpréter correctement les modifications de la respiration et les sensations désagréables qu'elles provoquent, au lieu de laisser s'installer des pensées erronées et inutilement inquiétantes. Vous chercherez ensuite à diminuer l'intensité des sensations par une exposition régulière à ces sensations afin de vous y habituer. Enfin vous utiliserez la possibilité d'exercer un contrôle volontaire sur la respiration pour remplacer le comportement respiratoire d'alerte par une manière de respirer plus naturelle et exempte des sensations déplaisantes provoquées par l'hyperventilation et l'apnée. Vous apprendrez à respirer sans à-coup ni précipitation ou excès, par le nez et avec le ventre, sans utiliser ni la bouche ni la cage thoracique. Les exercices proposés sont destinés à vous permettre d'acquérir peu à peu le contrôle de votre respiration et éviter ainsi les nombreuses répercussions négatives d'une respiration inadéquate.

> Pour diminuer les manifestations respiratoires de la peur, il faut :
> — les reconnaître,
> — les interpréter correctement,
> — s'y habituer,
> — respirer de manière plus adaptée.

Votre entraînement : les exercices pratiques

Pour être en mesure d'appliquer les consignes mentionnées lorsqu'on en a vraiment besoin, c'est-à-dire au volant, au moment où la peur et la panique pointent, il est capital de s'entraîner régulièrement et progressivement, d'abord en terrain sûr, hors de la voiture, puis au volant, sans conduire, et finalement en conduisant. Les exercices proposent une progression logique qu'il est recommandé de suivre, ce qui implique qu'on n'abordera un exercice qu'après avoir bien maîtrisé l'exercice précédent.

➤ Exercice 1

Chez vous, installez-vous en position assise. Au milieu d'une inspiration, stoppez le mouvement respiratoire et bloquez la respiration (apnée) aussi longtemps que vous le pouvez. Pendant l'apnée, portez votre attention sur ce qui se passe dans votre corps, sur les sensations qui résultent de l'apnée, localisez-les et identifiez-les. Prenez conscience aussi des pensées et images éventuelles qui surviennent lors de l'apnée. Notez si les sensations et les pensées apparues pendant l'apnée vous rappellent de près ou de loin quelque chose de déplaisant survenu lorsque vous vous êtes senti mal au volant.

➤ Exercice 2

Mettez-vous debout, pieds serrés. Commencez à pratiquer l'hyperventilation en respirant très vite et profondément, bouche grande ouverte, en essayant d'agrandir votre thorax au maximum à chaque inspiration, et de le vider au maximum à chaque expiration. Tout en pratiquant l'hyperventilation, portez votre attention sur ce qui se passe dans votre corps, sur les sensations qui résultent de l'hyperventilation. Localisez-les et identifiez-les. Prenez conscience aussi des pensées ou images éventuelles qui surviennent lors de l'hyperventilation. Notez si les sensations et les pensées apparues pendant l'hyperventilation vous rappellent de près ou de loin quelque chose que vous avez ressenti lors de paniques au volant. Respirez de cette manière jusqu'à ce qu'apparaissent les sensations désagréables de l'hyperventilation mentionnées précédemment. Reprenez ensuite une respiration normale et calme jusqu'à ce que les sensations désagréables apparues avec l'hyperventilation diminuent et disparaissent.

➤ Exercice 3

En position assise, mettez une main sur la poitrine et l'autre sur le ventre, la paume de la main doit recouvrir la région du nombril. Fermez la bouche et ne respirez que par le nez, aussi bien à l'inspiration qu'à l'expiration. Pratiquez la respiration « en carré » comme dit une de mes patientes, à qui j'emprunte l'expression avec son autorisation. C'est la respiration accompagnant la mesure à quatre temps que nous avons exercée en préambule à ce chapitre. Comme la main n'accompagne plus les mouvements respiratoires, vous pouvez éventuellement, au début, substituer un mouvement du menton à celui de la main. Chaque cycle respiratoire compte quatre temps d'égale longueur.

inspiration — pause — expiration — pause

À l'aide de votre montre, ajustez la fréquence de votre respiration à environ 10 cycles respiratoires par minute, un cycle comprenant les quatre temps indiqués. La main sur la poitrine permet de vérifier que la cage thoracique ne participe presque pas à la respiration. La main sur le ventre permet de bien sentir que c'est le diaphragme qui accomplit l'essentiel du travail respiratoire. À l'inspiration, les organes abdominaux sont repoussés vers l'extérieur par le diaphragme qui se contracte vers le bas et le ventre sort. À l'expiration le mouvement inverse se produit : le ventre rentre car le diaphragme en remontant entraîne les organes abdominaux vers l'intérieur et vers le haut. Avec l'entraînement, lorsque vous avez acquis la sensation de la respiration diaphragmatique, il n'est plus nécessaire de s'en assurer en plaçant une main sur la poitrine et l'autre sur le ventre.

➤ **Exercice 4**
Pratiquez l'exercice 3 au volant, voiture arrêtée.

➤ **Exercice 5**
Pratiquez l'exercice 3 au volant en conduisant dans une zone où vous vous sentez en sécurité.

Que faire en cas de peur ?

Commencez par observer les modifications de votre respiration et les sensations physiques qui apparaissent. Faites le lien entre vos sensations et l'état d'alerte déclenché par la peur. Ces sensations sont normales et vous ne pouvez pas empêcher qu'elles surviennent puisque le déclenchement de l'alerte est indépendant de la volonté. Elles sont désagréables mais non dangereuses. Prenez l'habitude, dès que vous vous mettez au volant, de pratiquez la respiration « en carré, nez-ventre » de l'exercice 3. En cas de peur, l'essentiel est de fermer la bouche et de ne respirer que par le nez. La respiration ventrale vient alors automatiquement. Si vous n'y parvenez pas, ou si l'effet est insuffisant, arrêtez votre véhicule pour pratiquer votre exercice respiratoire en toute sécurité avant de reprendre votre route.

Conseils pratiques

• Pour vous aider à trouver le bon rythme respiratoire, procurez-vous un métronome dans un magasin d'instruments de musique. Placez la fréquence à 40, soit le rythme le plus lent en musique et laissez-vous guider par le rythme du métronome. À chaque battement de l'instrument correspond un temps du cycle respiratoire : inspiration — pause — expiration — pause. Cette fréquence de 10 cycles respiratoires est assez lente. En temps normal, c'est-à-dire en dehors de l'effort, la fréquence respiratoire se situe aux alentours de 15 cycles par minute. Mais comme la peur tend à accélérer automatiquement le rythme respiratoire, si vous apprenez dans les exercices à respirer avec une fréquence de 10 respirations par minute, en cas de peur vous vous

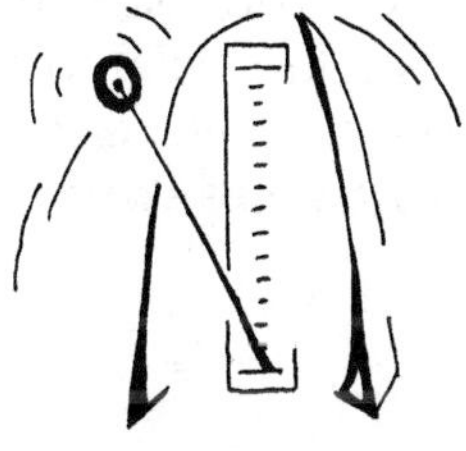

retrouverez un peu en dessus, soit aux environs de 15. Avec l'habitude, vous aurez suffisamment le bon rythme dans la tête pour pouvoir vous passer du métronome.

• Dans le même but de vous aider à intérioriser le bon rythme respiratoire, vous pouvez aussi l'enregistrer sur une cassette audio en enregistrant le son d'un métronome battant à 40 ou, si vous ne disposez pas d'un métronome, d'un son ou d'un bruit que vous produisez vous-même à cette fréquence : note de piano, mains frappées l'une contre l'autre, etc. Il existe des cassettes dites sans fin destinées aux répondeurs téléphoniques. Vous pouvez acquérir une cassette de ce type d'une durée de 30 ou 60 secondes et enregistrer le tempo respiratoire pendant la durée de la cassette.

> Respectez les temps de pause intercalés entre les mouvements d'inspiration et d'expiration. Elles sont parfois escamotées ou trop courtes, ce qui contribue à donner un caractère haletant à la respiration.

• Une fois le son répétitif enregistré, il suffit de brancher le lecteur de cassette pour que vous puissiez écouter le rythme respiratoire aussi longtemps que vous le souhaitez sans avoir à rembobiner la cassette. Attention toutefois au type de cassette que vous achetez. Assurez-vous auprès du vendeur qu'elle puisse être lue par un cassettophone normal, car ces cassettes sans fin sont de plus en plus difficiles à trouver dans le commerce.

• Si vous avez de la peine à sentir votre ventre respirer, couchez-vous sur le ventre soit sur votre lit, à condition d'avoir un matelas assez dur, soit sur un tapis au sol. À chaque respiration, les mouvements abdominaux du diaphragme soulèvent et abaissent votre corps.

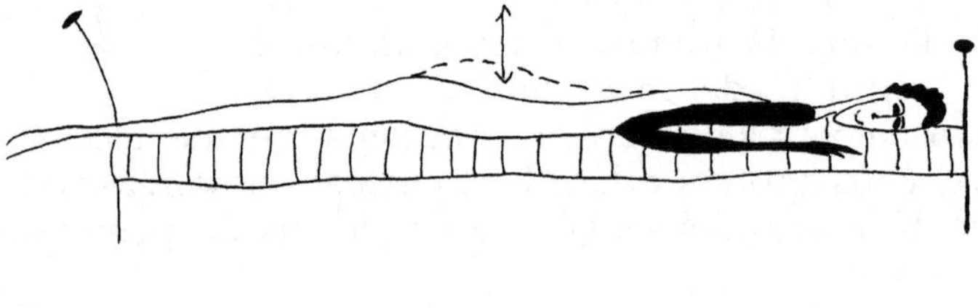

• En cas de rhume il est difficile de ne respirer que par le nez. Essayez dans ce cas de trouver un compromis acceptable entre le besoin de ne pas vous asphyxier et celui de ne pas trop respirer par la bouche.

• Les femmes ont souvent plus de peine à respirer par le ventre que les hommes. Est-ce la crainte de paraître disgracieuse ? Mesdames, n'ayez pas de honte d'utiliser votre ventre pour respirer lorsque vous conduisez ! Personne ne le verra.

• Chez certaines personnes, la respiration nasale et ventrale pose des problèmes, en particulier lorsqu'elle est contrôlée et pensée. Chez d'autres, par exemple des sportifs habitués à utiliser régulièrement la respiration buccale et thoracique, la difficulté est de n'utiliser que le nez et le ventre pour respirer. Il peut être alors utile de commencer par quelques respirations en hyperventilation (rapides, avec la bouche et le thorax) pour retrouver des sensations familières, avant de passer à la respiration contrôlée. Chez certaines personnes, seule l'hyperventilation, sous forme de brèves périodes d'inspiration et d'expiration rapides et par la bouche, servira de contrôle respiratoire. Plus rarement encore, c'est la pratique de l'apnée pendant quelques brefs instants qui sera utile !

> **Leitmotiv**
>
> Si dans le feu de l'action vous avez tout oublié, une seule consigne : *fermer la bouche !*

Cherchez, dans la palette étendue des comportements respiratoires que nous avons parcourue dans les exercices, celui qui vous convient le mieux !

L'ESSENTIEL À RETENIR

— La peur accélère ou bloque la respiration.
— Les sensations physiques d'origine respiratoire sont multiples.
— Pour s'y habituer il faut les provoquer volontairement et souvent.
— Pour respirer correctement, respirez en carré !
— En cas de panique : fermez la bouche et respirez par le nez.

Deuxième outil : le pétrissage

Contrôlez vos tensions musculaires

Pour introduire le sujet, préparons un pain…

Préparez de la pâte pour un grand pain : dans une jatte, versez 1 kg de farine, ajoutez une cuillère à soupe de sel rase, 5 décilitres d'eau tiède (35-37 °) et un cube de levure fraîche de 40 g dilué dans une demi-tasse d'eau tiède. Mélangez bien le tout et commencez à pétrir la pâte d'une seule main. Prenez conscience de l'alternance d'augmentation et de diminution de tension que vous commandez à vos doigts à chaque mouvement de pétrissage. Lorsque la pâte est devenue bien homogène et assez consistante pour ne plus coller aux doigts, cessez de pétrir. La première partie de l'exercice s'arrête là. Pour obtenir un pain délicieux, il faut encore laisser monter la pâte en la plaçant dans un endroit tempéré, après avoir recouvert le récipient d'un linge humide. Après une heure environ, la pâte peut être cuite pendant une heure à 180° au four préchauffé à 200°. Bon appétit ! Lorsque vous savourez votre pain, portez un moment votre attention sur votre mâchoire pour prendre conscience de ses mouvements, qui résultent aussi de l'augmentation et de la diminution alternée et automatique de la tension des muscles masticatoires…

Le but de cette introduction tactile et gustative est de vous sensibiliser au travail des muscles, en l'occurrence celui des muscles des doigts et de la mâchoire. Le tonus de chaque muscle, autrement dit son état de contraction ou de décontraction, varie constamment en fonction des gestes que nous accomplissons et aussi de notre état émotionnel. Cela se passe le plus souvent sans que nous en ayons la moindre conscience ni que notre volonté intervienne. Les perturbations du tonus musculaire jouent comme celles de la respiration un rôle majeur dans la peur. Il est important que vous appreniez à les connaître et à les contrôler au lieu de vous laisser tétaniser par la peur.

Les conséquences musculaires de la peur

Les changements de tonus musculaire dus à la peur sont non volontaires et parfois non conscients. S'ils sont très prononcés, ils rendent la conduite automobile pénible. Une augmentation excessive du tonus musculaire donne une sensation de raideur dans les bras, les jambes, la nuque ou le dos. Parfois la raideur est remplacée par une impression d'impatience. En cas de panique, la rigidité peut aller jusqu'à la paralysie et à la tétanie, un état de crispation musculaire prolongé et douloureux. Lorsqu'elle concerne les muscles du thorax, la raideur se traduit par une sensation d'oppression de la poitrine et de la difficulté à respirer. Parfois la peur amène un relâchement musculaire exagéré. La sensation est alors d'avoir des bras cotonneux ou des jambes en flanelle, qui flottent, se dérobent et n'obéissent plus aux commandes. Quant aux tremblements, ils sont causés par l'alternance extrêmement rapide d'augmentations et de diminutions du tonus musculaire. Lorsque l'amplitude des variations de tonus est grande, les tremblements sont visibles. Si elle est de moindre intensité, ils sont seulement perçus à l'intérieur des membres, du cou ou du visage.

La peur provoque :
— raideurs,
— bras/jambes cotonneux,
— tremblements.

Les changements intempestifs et non contrôlés du tonus musculaire favorisent l'émergence de pensées catastrophiques : *Je n'arrive plus à commander mes bras et mes jambes, je vais perdre le contrôle de moi-même... et de la voiture...*

Explication

L'explication donnée pour les aspects respiratoires s'applique de la même manière aux manifestations musculaires de la peur. La peur est un état d'alerte déclenché intempestivement. Il n'empêche que toute alerte doit être intense et rapide pour être efficace. Qu'elle soit fondée ou non n'y change rien. C'est la loi du tout ou rien. Lorsque le signal est donné, la mobilisation est totale. Les manifestations musculaires de la peur ont le caractère automatique, massif et soudain du tout ou rien. Lorsque les possibilités de lutte et de fuite sont épuisées, reste une dernière solution pour échapper à un sort fatal, celle de faire le mort. Cette stratégie d'ultime recours peut sauver la vie, et l'homme autant que l'animal l'utilisent en dernière extrémité. Par des mécanismes psychophysiologiques encore mal élucidés, la paralysie totale qui caractérise cet état correspond selon les cas soit à une tétanie soit à un relâchement musculaire total. On pourrait trouver là une explication à ces états extrêmes du tonus musculaire provoqués par la peur, et encore plus par la panique.

> Face à un danger, la musculature est mobilisée et les muscles sont tendus pour permettre la lutte ou la fuite.

Une fausse alerte est aussi intense qu'une vraie !

Bien que la réaction anxieuse corresponde à une fausse alerte, puisqu'il n'existe pas objectivement de danger grave, la mobilisation musculaire est tout aussi intense que si le sujet était confronté à une menace vitale. Pourquoi cela ? Le propre d'un système d'alarme est que le signal est le même qu'il s'agisse d'une vraie ou d'une fausse alerte. Prenons l'exemple de l'appareil détecteur de fumée placé dans un établissement public, par exemple un hôpital. Lorsque la sonnerie retentit à la centrale des pompiers, cette sonnerie est la même qu'il s'agisse d'une fausse alerte déclenchée par la cigarette d'un fumeur placé juste au-dessous du mouchard (fausse alerte) ou d'une vraie alerte déclenchée par un incendie. Il

Peur et tensions musculaires

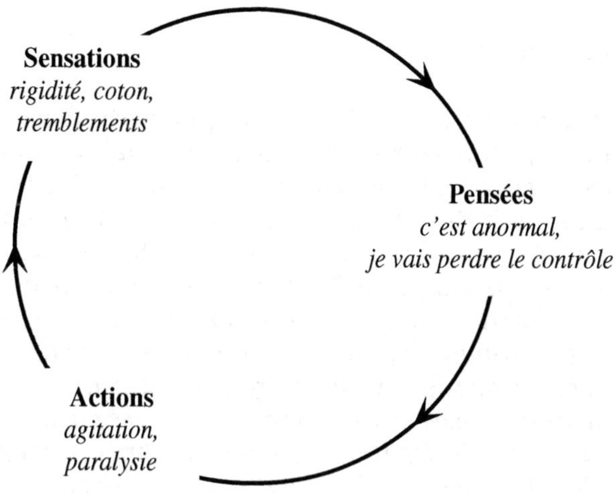

en va de même dans le cas de la peur. Avoir conscience de ne pas courir réellement de grand danger ne change rien à l'intensité de l'alerte, bien au contraire. En effet, les manifestations physiques de la peur semblent disproportionnées et incompréhensibles. Vous aurez tendance à percevoir vos réactions musculaires comme anormales et inquiétantes. Provoquées par la peur, elles entraînent un surcroît de peur par les pensées catastrophiques qu'elles amènent : *C'est terrible, je suis paralysé, je ne commande plus rien, je vais perdre le contrôle...* L'augmentation de la peur provoquée par ce scénario catastrophe produit à son tour une augmentation des réactions musculaires et de sensations physiques, et ainsi de suite. Le cercle vicieux de la peur est alors bouclé. S'il n'est pas rapidement interrompu ou du moins ralenti, la spirale aboutit à la panique.

Comment corriger ?

Il faut appliquer les mêmes principes qu'aux manifestations respiratoires : corriger la manière de penser, de sentir et d'agir :

- interpréter correctement ce qui se passe,
- s'habituer aux sensations déplaisantes,
- exercer un contrôle volontaire sur les tensions musculaires.

Penser différemment

Les réactions musculaires de la peur (rigidités, relâchements, tremblements) sont automatiques et inévitables puisqu'elles sont déclenchées par le système nerveux autonome. Il s'agit de les reconnaître, de les accepter et de les interpréter correctement : elles font partie de la réaction d'alerte. Dans ce contexte elles sont normales et ne signifient pas la perte de tout contrôle. La pensée catastrophique : *Ce qui m'arrive est anormal et terrible, je suis complètement paralysé, je ne sais pas pourquoi, ça prouve que je suis en train de perdre le contrôle sur moi-même et que je vais le perdre sur ma voiture…* doit être remplacée par une pensée plus fondée : *C'est désagréable mais pas catastrophique de ressentir des tensions dans mes bras et dans mes jambes. Je sais que cela est normal et dû à l'état d'alerte que la peur déclenche dans mon corps. Je ne dois pas m'affoler mais reprendre le contrôle du tonus musculaire comme je l'ai appris dans les exercices.* La prise de conscience du tonus musculaire est la meilleure façon d'apprendre à reconnaître et à interpréter correctement les manifestations musculaires dues à la peur.

Sentir différemment

La seconde consigne thérapeutique concerne les sensations physiques. On a vu que la peur s'entretient elle-même en raison des relations circulaires existant entre les perturbations du tonus musculaire, les sensations inhabituelles qu'elles produisent et les pensées catastrophiques qui les accompagnent (voir la figure Peur et tensions musculaires). Diminuer l'intensité des sensations physiques ralentit le cercle vicieux de la peur. Pour cela il n'y a qu'un moyen : l'*habituation*. Il s'agit du mécanisme par lequel une stimulation répétée ou prolongée ne produit plus, à la longue, le même effet. C'est l'habituation par exemple qui fait qu'après un certain temps d'immersion dans l'eau, celle-ci nous apparaît agréable alors qu'elle semblait très fraîche au moment d'entrer dans l'eau. Le but des exercices est de produire une exposition répétée à des sensations semblables à celles dues aux perturbations musculaires de la peur, à la seule différence que dans les exercices, elles sont provoquées volontairement. Nous allons en effet profiter du fait que le tonus musculaire, comme la respiration, peut *aussi* obéir au système nerveux volontaire, et pas seulement au système autonome. L'exposition contribue à dédramatiser ces sensations, à les rendre plus familières et par conséquent moins inquiétantes. Par cela on contribue aussi à diminuer les scénarios catastrophe.

Agir différemment

La plupart des modifications du tonus musculaire sont non conscientes et non volontaires. Il est néanmoins possible d'exercer dans une certaine mesure un contrôle volontaire sur nos réactions musculaires. C'est ainsi que si nous marchons dans la rue ou sur un chemin familier, les mouvements de nos jambes et de nos pieds sont automatiques, presque inconscients et non volontaires. Que survienne un obstacle inattendu, un passage délicat sur le trottoir par exemple, et nous avançons prudemment en réfléchissant à chaque pas pour savoir où poser les pieds. Nous sommes passés du système automatisé, non conscient et rapide, au système conscient et volontaire, réfléchi et plus lent. Il existe donc une possibilité de substituer au contrôle habituel de certains muscles, non conscient et automatisé, un contrôle conscient et volontaire. C'est cette marge de manœuvre que nous allons utiliser pour introduire un certain degré de régulation volontaire sur le tonus musculaire, afin de contrecarrer les effets violents et extrêmes de la peur sur celui-ci. Les exercices proposés ci-après sont destinés à vous permettre d'acquérir peu à peu le contrôle de vos réactions musculaires et empêcher ainsi que les raideurs, paralysies et sensations de perte de contrôle prennent le dessus et vous dissuadent définitivement de prendre le volant.

Votre entraînement

Pour être en mesure d'appliquer les consignes mentionnées lorsqu'on en a vraiment besoin, c'est-à-dire au volant, au moment où la peur et la panique pointent, il est capital de s'entraîner régulièrement et progressivement, d'abord en terrain sûr, hors de la voiture, puis au volant, sans conduire, et finalement en conduisant. Les exercices proposent une progression logique qu'il est recommandé de suivre, ce qui implique que vous n'abordiez un exercice qu'après avoir bien maîtrisé l'exercice précédent. Les exercices permettent à la fois l'habituation aux sensations de tension et de relâchement, et la prise de contrôle du tonus musculaire.

➤ Exercice 1

Il peut se pratiquer à tout endroit, à tout moment, de préférence plusieurs fois par jour au début de la thérapie. Il prend moins d'une minute. Asseyez-vous près d'une table et posez un avant-bras et la main sur la table. Prenez une balle de tennis ou un autre objet de dimension comparable, ferme et résistant à l'écrasement (balle de caoutchouc, boule de couture, savon sec, etc.). Tenez la balle de tennis ou l'objet dans la paume de la main sans serrer fort. Portez votre attention sur la main et les doigts, et prenez conscience de la légère tension que vous créez dans vos doigts pour tenir la balle et de la sensation que cela donne dans votre main. Commencez à pétrir la balle très lentement comme vous l'avez fait avec la pâte à pain. Augmentez progressivement la pression sur la balle, jusqu'à la serrer très fort après une dizaine de secondes. Lorsque vous êtes au maximum de pression, prenez bien conscience de cette sensation, et du fait que vous contrôlez volontairement la pression que vous exercez sur la balle par

l'augmentation du tonus musculaire de votre main. Lorsque la tension est telle que votre poing tremble, desserrez très progressivement votre étreinte sur la balle jusqu'à ce que vous la teniez avec la même pression qu'au début de l'exercice. Prenez conscience du tonus de la main et des doigts à ce moment de l'exercice. Puis continuez à diminuer encore la pression jusqu'au relâchement complet des muscles de la main qui alors s'ouvre légèrement. La balle doit alors échapper de votre main comme un fruit mûr tombe naturellement de l'arbre. Prenez conscience de la sensation de détente musculaire au moment où la balle vous échappe, elle correspond à un tonus moins élevé que celui du début de l'exercice. Rappelez-vous les sensations dues aux variations successives de tonus que vous avez imprimées aux muscles de votre main et que ceux-ci ont transmises à la balle de tennis tout au long de l'exercice. C'est en effet la sensation de pression exercée sur la balle qui vous permet de prendre conscience indirectement du tonus musculaire et de ses variations. Répétez l'exercice de pétrissage de la balle de tennis cinq à dix fois consécutivement. Diminuez peu à peu la longueur des cycles pression-détente pour arriver à une durée de 3-5 secondes environ par pétrissage, et finalement 1-2 secondes. La technique du pétrissage est inspirée de la méthode de *relaxation progressive* mise au point dans les années 1930 par le médecin américain *Edmund Jacobson**. À la différence du pétrissage, la méthode de Jacobson comporte des contractions et décontractions de toutes les parties du corps. Cela exige un temps et une attention incompatibles avec la conduite automobile. De plus, pour obtenir l'effet recherché, il n'est pas nécessaire de travailler sur tous les muscles. En effet, l'appareil musculaire est construit en réseau, comme une toile d'araignée. Une modification survenant à un endroit se répercute dans tout le système.

* Edmund Jacobson, *Savoir relaxer pour combattre le stress*, Éditions de l'Homme, Montréal, 1980.

➤ **Exercice 2**

Pratiquez l'exercice 1 au volant de votre voiture à l'arrêt, en pétrissant non plus une balle mais le volant, avec une main puis les deux, simultanément puis en alternance.

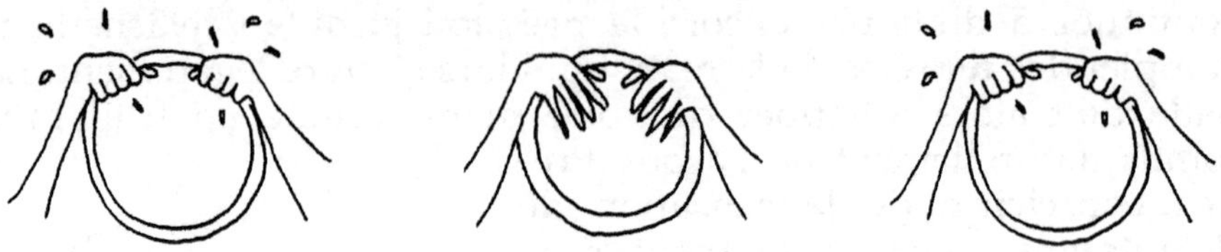

➤ **Exercice 3**

Pratiquez le pétrissage du volant en conduisant votre voiture dans une zone où vous vous sentez en sécurité. Dès que vous êtes sur un tronçon où il n'est pas nécessaire de tourner le volant, profitez-en pour pratiquer brièvement l'exercice de pétrissage du volant par contractions et décontractions des mains sur le volant. Avec l'entraînement, le mouvement doit être suffisamment rodé et automatique pour ne plus nécessiter une grande attention, qui doit rester réservée prioritairement à la conduite du véhicule.

Que faire en cas de peur ?

Commencez par observer les modifications de tonus musculaire qui se produisent obligatoirement dans certaines parties de votre corps. Interprétez correctement vos sensations : faites le lien entre vos sensations et l'état d'alerte déclenché par la peur. Si, malgré l'entraînement acquis par la pratique des exercices, ces sensations restent gênantes, appliquez-vous à faire varier volontairement le tonus musculaire en pratiquant les exercices de pétrissage du volant pour de brefs instants dès que le contexte de conduite le permet. Si vous n'y parvenez pas, ou si l'effet est insuffisant, arrêtez votre véhicule pour pratiquer vos exercices musculaires en toute sécurité et reprendre le contrôle du tonus musculaire avant de reprendre votre route.

> Ces sensations sont normales et automatiques. Elles sont désagréables mais non dangereuses.

Conseils pratiques

• On peut utiliser aussi le pommeau du levier de vitesse pour pratiquer le contrôle volontaire du tonus musculaire par pétrissage.

• Il arrive que le tonus musculaire des membres ou d'autres parties du corps reste fixé dans une position extrême : tétanie par contraction généralisée de certains muscles, ou à l'inverse sensation complètement cotonneuse par effondrement du tonus. Il faut parfois ruser pour contourner le blocage. Les réactions physiques produites involontairement ne peuvent pas être abolies volontairement, mais elles peuvent être renforcées volontairement. Il ne suffit pas de vous dire : *Détends-toi !* pour que votre corps obéisse. En revanche, lorsque la peur contracte les muscles, il vous est possible de contracter encore davantage par un effort volontaire. Une fois que la contraction musculaire est sous le contrôle de la volonté, il vous est plus facile de décontracter volontairement. Entraînez-vous donc lors des exercices à être capable de contracter très fort les poings au point qu'ils tremblent. Cela vous servira paradoxalement à lever un état de tétanie dû à un blocage des muscles en contraction extrême.

• À l'inverse, lorsque les bras ou les jambes flottent comme du coton, il est difficile de reprendre du tonus. Poussez d'abord volontairement la diminution du tonus au-delà de ce qui s'est produit involontairement sous l'effet de la peur, et seulement ensuite augmentez le tonus musculaire en contractant le bras, la main ou le pied concerné. Exercez-vous aussi à abaisser complètement le tonus musculaire pour être en mesure de dépasser le stade des bras ou jambes flottants ou en coton. Pour cela, il est utile de faire appel à votre fantaisie. La décontraction musculaire peut être associée à deux sortes de sensations complètement opposées : la légèreté ou la lourdeur. Lorsque vous faites la planche et vous laissez porter par l'eau de la mer, votre corps est complètement détendu et léger. Vous pouvez donc par exemple imaginer que votre main ou votre jambe est légère comme si vous flottiez, porté par l'eau sans avoir à fournir aucun effort. Vous pouvez aussi vous figurer que votre main est légère comme un ballon d'enfant gonflé à l'hélium, ou utiliser toute autre image qui vous convienne pour suggérer la sensation de légèreté. Si vous préférez la sensation de lourdeur, pensez par exemple à un enfant qui s'est endormi hors de son lit ; lorsque vous le soulevez pour le porter dans sa chambre, il vous semble bien plus lourd que lorsqu'il est réveillé, parce qu'il se laisse complètement aller et ne fait aucun effort pour aider votre action. Lors des exercices de pétrissage, prenez l'habitude de parcourir toute l'étendue des intensités de tonus musculaire en incluant les plus extrêmes grâces aux techniques que nous venons de mentionner. Cela vous facilitera leur mise en pratique lorsque vous serez au volant.

> **Leitmotiv**
>
> Si dans le feu de l'action vous avez tout oublié, une seule consigne : *pétrir le volant !*

• Il n'est pas nécessaire de contracter et décontracter tous les muscles du corps, ce qui prendrait beaucoup de temps. La nature a bien prévu les choses. Si vous contrôlez le tonus dans une partie du corps, la régulation se transmet généralement au reste du corps.

L'ESSENTIEL À RETENIR

— La peur augmente ou abaisse le tonus musculaire de manière exagérée.
— Les conséquences : raideurs, sensation cotonneuse et tremblements.
— Vous pouvez réguler volontairement les tensions musculaires.
— Pour cela, pétrissez le volant !

Troisième outil : la vision grand angle

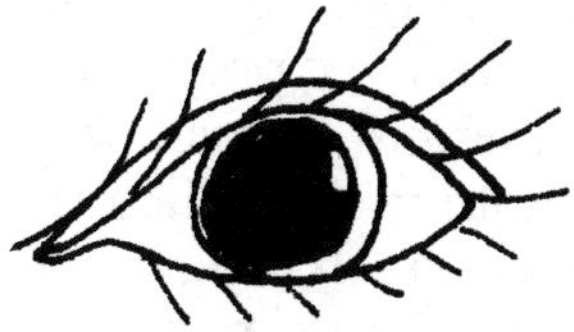

Évitez le vertige visuel en cessant de scruter le danger

Pour introduire le sujet, regardons une photographie...

Procurez-vous une photographie d'assez grand format représentant un paysage, par exemple une plage ou une étendue de montagnes, comprenant un élément situé au premier plan : personnage, arbre, animal, etc. Habituellement le photographe place cet élément du paysage en bas de l'image, à gauche, à droite ou plus rarement au centre. Si votre album de vacances ne contient pas de photo de ce type, vous en trouverez certainement dans un calendrier comportant des vues de paysages ou dans une brochure d'agence de voyages. Le cliché classique de la plage bordée d'un palmier courbé par le vent fera très bien l'affaire.

Regardez la photo comme vous regarderiez n'importe quelle photo de paysage. Puis examinez si vous avez commencé par regarder de manière globale le paysage lointain, ou si vous avez d'abord porté votre regard sur l'élément situé au premier plan (arbre, animal, etc.). Dans le premier cas, votre œil a « défocalisé » ou mis au point « sur l'infini » pour utiliser le langage photographique. Dans le second cas, votre mise au point s'est focalisée sur l'objet rapproché et ses détails.

Vous pouvez maintenant vous amuser à passer d'un mode de mise au point à l'autre en regardant attentivement le détail du premier plan puis l'image dans son ensemble, puis de nouveau le détail, etc. Vous remarquerez que ces deux manières de regarder vous offrent chacune une vision particulière du paysage. La mise au point focalisée sur l'objet situé au premier plan vous donne une vision précise, nette et détaillée de cet objet, alors que le reste du paysage est certes présent mais passe presque inaperçu. Si votre regard défocalise et considère l'image de manière globale, vous voyez l'ensemble du paysage mais les détails ne sont pas perçus avec précision ni netteté.

Vous pouvez maintenant essayer une troisième manière de regarder l'image, qui combine les caractéristiques des deux manières de regarder précédentes. Il s'agit d'une vision détaillée de l'ensemble. Pour cela, vous devez parcourir l'ensemble de l'image en examinant attentivement et successivement tous les détails qui la composent. Vous constaterez que cela exige du temps et de l'attention, et qu'il est impossible d'avoir simultanément une vision précise de tous les détails. Ceux-ci ne peuvent être perçus que successivement. La mise au point dans ce type de vision est donc focalisée sur les détails, seul le temps consacré à parcourir tous les détails permet d'avoir une vision d'ensemble de l'image.

Vous venez d'expérimenter trois manières différentes de regarder une image. Les différences tiennent au type d'attention visuelle et de mise au point effectuée par votre œil dans ces trois situations. L'attention visuelle et son correspondant physiologique, la mise au point ou accommodation, jouent un rôle très important dans la peur, et plus particulièrement dans la peur de conduire. Nous allons expliquer brièvement cela dans le chapitre suivant, avant de passer à des exercices pratiques ayant pour but de vous apprendre à contrôler votre mise au point pendant que vous conduisez.

Les conséquences visuelles de la peur

Vous avez peut-être remarqué que lorsque votre peur au volant a été intense, votre vision a été modifiée. Vous avez eu l'impression d'un rétrécissement du champ de vision, ou d'une sorte de brouillard devant les yeux, ou encore d'un vertige visuel par agrippement du regard à un élément rapproché de l'environnement : parapet d'un pont, vide, glissière de l'autoroute, avant de la voiture, etc. Certaines personnes relatent une sensation de zoom avec impression de déplacement d'avant en arrière, ou d'instabilité de la vision. Il est bien évident que de telles sensations augmentent le sentiment d'insécurité et d'incapacité de conduire. En réalité, elles font partie, comme les manifestations respiratoires et musculaires, de l'état d'alerte lié à la peur. Essayons de comprendre ce qui se passe pour que vous puissiez interpréter correctement les phénomènes visuels liés à votre peur, puis modifier votre manière de regarder afin d'éviter autant que possible ces phénomènes visuels désagréables.

Explication

L'œil humain est constamment en train d'ajuster sa mise au point, c'est-à-dire de choisir les objets que nous regardons et la manière de les regarder. Cet ajustement se fait en fonction de l'environnement dans lequel nous nous trouvons, et aussi en fonction de notre état intérieur et de l'attention que nous donnons à certains éléments de l'environnement. À chaque instant, le degré d'accommodation de notre regard varie au gré des circonstances, les possibilités d'accommodation se situant entre deux positions extrêmes.

Dans l'*hyperfocalisation* ou focalisation au maximum, un objet rapproché est scruté avec précision et en détail. C'est ainsi que nous regardons un papillon posé sur une fleur, ou le visage d'un bébé que nous détaillons pour décider s'il ressemble plutôt à papa ou à maman… À l'inverse, en *défocalisation* au maximum, le regard flotte comme perdu dans le lointain sans s'accrocher à rien de précis ; c'est cette absence de focalisation qui caractérise notre vision lorsque nous rêvons devant la mer, le regard porté vers l'horizon infini.

Comme les appareils photographiques qui peuvent être branchés soit sur réglage automatique soit sur réglage manuel, notre œil obéit à une double commande. L'une est automatique, non volontaire et non consciente, régie par le système nerveux autonome. L'autre est volontaire et dépend du système nerveux central. La plupart du temps l'œil fonctionne sur le mode automatique. Le système nerveux autonome règle automatiquement la mise au point sans que nous ayons à intervenir volontairement. Dans certaines situations toutefois, il arrive que nous fassions un effort volontaire d'accommodation, par exemple lorsque nous écarquillons les yeux pour repérer une personne connue dans une foule.

L'accommodation dépend non seulement de l'environnement regardé mais de notre état intérieur. La peur provoque une hyperfocalisation visuelle. On parle parfois d'*exploration hypervigilante* à propos de ce réflexe visuel lié à la peur. L'hyperfocalisation visuelle est parfois utile lorsque nous sommes confrontés à des situations réellement dangereuses, en permettant de surveiller le danger et préciser sa nature. Une bonne sécurité exige toutefois aussi la capacité de défocaliser l'attention visuelle pour avoir une large vision de l'environnement et ainsi un meilleur contrôle. Il en va de même et peut-être encore plus lorsque nous conduisons, où nous devons en permanence ajuster nos réactions à un contexte changeant, ce qui nécessite une grande capacité d'anticipation. Celle-ci repose sur la combinaison d'une attention visuelle « flottante » ou défocalisée et de moments de focalisation précise sur des éléments ou événements qui doivent être rapidement identifiés afin que la réaction adéquate soit aussitôt mise en œuvre.

> Dans la peur il existe une tendance à focaliser de manière excessive, comme s'il fallait s'agripper par le regard à l'environnement pour y déceler les sources du danger et repérer des éléments de sécurité.

L'hyperfocalisation visuelle est provoquée par la contraction de muscles situés autour de l'œil, qui exercent une tension plus ou moins forte sur le cristallin. Celui-ci joue le rôle d'une lentille qui accommode, c'est-à-dire modifie la mise au point, selon son état de tension : une tension élevée correspond à une mise au point très focalisée, une tension relâchée à une mise au point à l'infini. L'hyperfocalisation visuelle est associée à des tensions à l'intérieur de l'œil. Lorsqu'elle se prolonge, elle provoque une sensation de fatigue visuelle, parfois des maux de tête et souvent une vision perturbée : vision trouble ou rétrécie comme si on regardait à travers un tunnel. En outre, des sensations de vertiges et de nausées sont parfois associées aux perturbations visuelles liées à l'hyperfocalisation. Pensez à ce que vous ressentez lorsqu'au départ du train vous essayez de suivre les traverses de la voie : au début c'est facile, puis plus le train prend de la vitesse, plus l'effort d'accommodation devient intense et pénible, au point de vous donner le tournis voire des vertiges. C'est un mécanisme analogue qui se produit dans la panique. Des sensations visuelles désagréables peuvent également être causées par un brusque relâchement de la tension oculaire après une longue phase d'hyperfocalisation. La défocalisation extrême qui suit l'épuisement momentané des muscles oculaires donne une sensation de vision instable ou trouble, de brouillard et de vertige. Ces sensations favorisent et renforcent les scénarios de perte de contrôle déjà provoqués par les sensations respiratoires et musculaires. Le cercle vicieux de la peur, dont la figure ci-dessous représente la dimension visuelle, peut s'installer.

Peur et vision

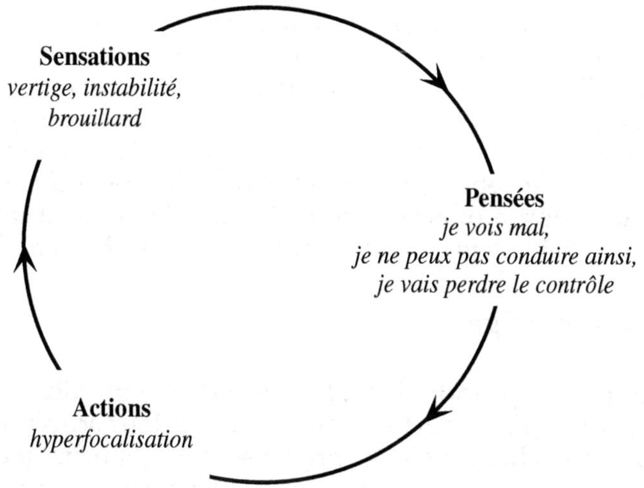

Dans la peur de conduire, l'hyperfocalisation est non seulement source de sensations déplaisantes, mais en plus elle diminue objectivement la sécurité. En effet, il est impossible de regarder avec précision un vaste champ visuel. Il faut faire un choix. Soit privilégier une vision détaillée et précise. Dans ce cas, si on veut balayer l'ensemble du champ visuel il faudra le parcourir point par point et accepter qu'il puisse se passer quelque chose que nous ne percevrons pas dans un endroit qui n'est pas l'objet actuel de notre attention. Soit opter pour une vision globale du champ visuel, sans détails précis mais permettant une appréciation de la situation dans les grandes lignes, en jetant de temps à autre un coup d'œil focalisé sur certains éléments réclamant de l'attention.

> La vision défocalisée assure une meilleure sécurité dans le trafic que l'hyperfocalisation.

C'est ce type de vision qui assure la meilleure sécurité dans le trafic automobile. Imaginons qu'on regarde non pas une image fixe mais une scène comprenant de nombreux objets mobiles, par exemple, des voitures, des piétons, un tram, etc. On comprendra sans peine qu'il faudra un effort visuel extrêmement soutenu pour balayer du regard l'ensemble de la scène en perpétuel mouvement et renouvellement. Les pilotes de Formule 1 développent une capacité visuelle hors du commun afin de répondre aux exigences de la conduite dans leur contexte. Pour le conducteur « moyen », il est plus efficace de renoncer à une vision détaillée pour se borner à avoir une vision moins précise mais globale de la situation, entrecoupée de brefs coups d'œil focalisés selon les besoins.

Comment corriger ?

L'hyperfocalisation due à la peur est une réaction réflexe automatique du système nerveux autonome. Il faut admettre qu'on ne peut pas empêcher qu'elle se produise. En revanche, il est possible d'en diminuer les effets désagréables. Pour cela, il faut commencer par apprendre à reconnaître l'hyperfocalisation visuelle au moment où elle se produit, puis pratiquer la défocalisation. Cela atténuera les sensations déplaisantes de l'hyperfocalisation et augmentera votre sécurité.

Il existe des moyens permettant de défocaliser volontairement. L'apprentissage de ces moyens fait l'objet des exercices pratiques qui suivent. Il est facile de focaliser sur un objet, puisqu'il suffit de le regarder très attentivement et dans les détails. Il est en revanche plus difficile de défocaliser volontairement, puisqu'il s'agit alors de relâcher délibérément son attention visuelle tout en ayant néanmoins cet objet dans son champ de vision. En fait il faut voir sans regarder, dans le sens où regarder c'est voir avec attention. Comme il s'agit d'une vision globale ou d'ensemble, ou vision grand angle, on pourrait la résumer par la formule *Tout voir mais ne rien regarder*. On peut utiliser trois techniques pour obtenir une vision défocalisée, globale :

- laisser flotter le regard au loin, vers l'horizon ;
- concentrer son attention sur autre chose que ce que l'on voit, par exemple sur le ventre qui respire dans la respiration en carré ;
- rendre la vision un peu floue en fermant très légèrement les yeux jusqu'à percevoir la disparition des reliefs (vision en deux dimensions).

Votre entraînement

Les exercices suivants présentent l'application pratique des techniques de focalisation et surtout de défocalisation visuelle dans une gradation de situations se rapprochant de plus en plus de la conduite automobile. Ils permettent à la fois d'apprendre à reconnaître les sensations dues à l'hyperfocalisation, les interpréter correctement et adopter un comportement visuel adapté, c'est-à-dire le plus souvent en défocalisation entrecoupée de brefs moments de focalisation.

➤ Exercice 1

Placez-vous dans un endroit où la vue est dégagée. Prenez un verre dans une main, placez-le à environ 40 cm de votre visage, à la hauteur des yeux. Regardez-le attentivement de

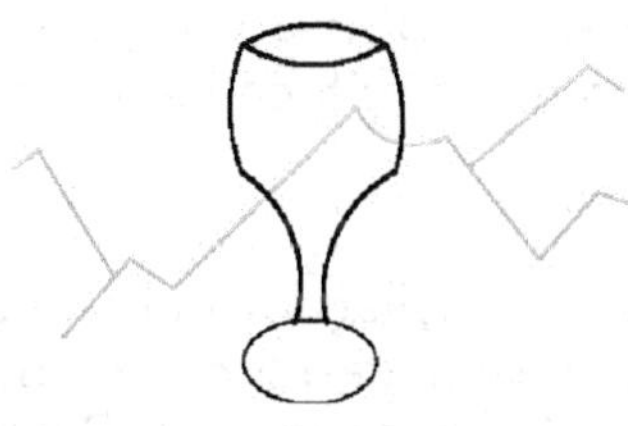

manière à bien percevoir tous ses détails. Vous êtes en vision focalisée. Maintenant, sans bouger ni vos yeux ni votre tête, changez votre accommodation en essayant de voir l'ensemble du paysage qui est devant vous. Vous devez ressentir comme un élargissement de votre champ de vision et une sensation de détente visuelle. Le verre n'est plus perçu avec précision. Il est devenu une forme vague faisant partie de l'ensemble de votre champ de vision. Votre vision est alors défocalisée. Essayez de rester un certain temps en vision défocalisée. Passez ensuite plusieurs fois de suite d'un mode de vision à l'autre, en restant brièvement (1-2 secondes) en vision focalisée et plus longtemps en vision défocalisée.

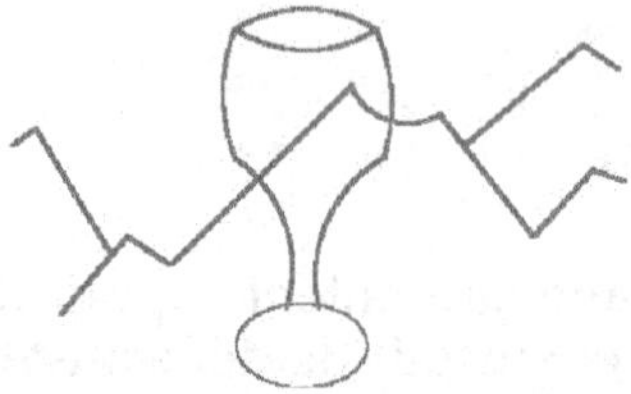

Si vous avez de la peine à défocaliser, vous pouvez utiliser une technique mentionnée plus haut, par exemple la décentration : concentrez votre attention non pas sur ce que vous voyez mais sur votre ventre qui respire. Notez que pour bien sentir le diaphragme, il vaut mieux fermer la bouche et respirer uniquement par le nez. Vous pouvez aussi rendre votre vision un peu floue : fermez très légèrement les yeux jusqu'à ce que votre vision devienne floue.

➤ Exercice 2

Même exercice, mais en utilisant un objet opaque (fruit, balle de tennis, etc.), ce qui rend la défocalisation un peu plus difficile.

➤ Exercice 3

Même exercice, mais en plaçant l'objet en périphérie de votre champ de vision : en bas à gauche. Focalisez alternativement votre vision sur l'objet et sur le paysage. Refaites le même exercice en plaçant successivement l'objet à différents endroits de votre champ visuel.

➤ Exercice 4

Pratiquez la focalisation-défocalisation pendant que vous êtes en train de déplacer l'objet. Vous vous entraînez ainsi à garder une vision défocalisée malgré les mouvements de l'objet.

➤ Exercice 5

Même exercice que l'exercice 4, mais en ajoutant votre propre mouvement à celui de l'objet. Pour cela, faites l'exercice 4 tout en vous déplaçant en portant l'objet .

➤ Exercice 6

Allez en ville et faites des exercices de focalisation brève et défocalisation longue. Asseyez-vous sur un banc et habituez-vous à focaliser-défocaliser en commençant par prendre pour objets d'exercice des éléments immobiles : vitrine, feu de signalisation, enseigne, etc.

➤ Exercice 7

Faites ensuite de même avec des éléments en mouvement situés dans votre champ visuel. Focalisez brièvement sur une voiture, un passant, un cycliste, un bus puis, sans bouger la tête, défocalisez votre vision pour voir l'ensemble de la scène sans détails précis. Pendant la durée de la défocalisation, retenez-vous de céder à la tentation de détailler les différents éléments du paysage, y compris ceux qui se déplacent dans votre direction. Il est en effet plus difficile de garder une vision défocalisée alors qu'un objet non identifié se dirige vers nous.

➤ Exercice 8

Pratiquez l'exercice 7 tout en en marchant dans la rue. Gardez la plupart du temps une vision défocalisée, flottant sur l'environnement sans s'attarder aux détails. Jetez de temps à autre des coups d'œil focalisés sur des éléments significatifs : feux, passages pour piétons, autres piétons à éviter.

➤ Exercice 9

Pratiquez l'exercice 8 en étant passager d'un moyen de transport (tram, bus, train, voiture). Demandez à des amis ou des membres de votre famille de vous emmener en voiture comme passager. Placez-vous sur le siège avant et entraînez-vous à la technique de focalisation-défocalisation visuelle comme si c'était vous qui étiez au volant.

➤ Exercice 10

Mettez-vous au volant de votre voiture et, à l'arrêt, pratiquez des exercices de focalisation brève-défocalisation longue. Prenez comme objets de focalisation des repères significatifs pour la conduite. Ces repères peuvent être internes à la voiture (rétroviseur, indicateur de vitesse) ou externes : panneaux indicateurs, piétons, bus, voitures, etc.

➤ Exercice 11

Mettez votre voiture en marche et commencez à rouler dans le trafic tout en appliquant la technique de focalisation brève-défocalisation longue adaptée aux conditions réelles de la circulation.

Conseils pratiques

- La difficulté principale de cette étape réside dans la contradiction apparente entre les deux consignes permettant la défocalisation. Premièrement, il faut de l'attention et de l'effort pour y parvenir. Deuxièmement, l'effort consiste à relâcher son attention pour voir sans regarder. Autrement dit, la meilleure manière de contrôler la situation est de relâcher son contrôle ! Certaines personnes ont de la peine avec cette consigne paradoxale. Néanmoins, lorsque vous aurez non seulement compris le principe mais expérimenté de manière répétée les sensations particulières de relâchement et de détente visuelle qui sont associées à la défocalisation, vous ne devriez pas éprouver trop de difficulté à retrouver ces sensations.
- Un autre obstacle tient au fait que la défocalisation ne peut pratiquement pas être objectivée. Il n'y a que vous qui puissiez savoir si vous êtes en train de défocaliser. Par conséquent, vous ne pouvez pas faire appel à un tiers pour vous observer et vous faire remarquer vos erreurs éventuelles.
- Évitez de focaliser votre attention visuelle sur des éléments non significatifs du point de vue de la sécurité routière. Ne vous agrippez pas du regard à des objets faussement rassurants : le capot de la voi-

ture, le bord de la route. Ni à ce qui vous fait peur : la voiture qui suit ou précède, le pont qui s'annonce, le tunnel qui se rapproche, etc. Dans les deux cas, la focalisation excessive risque de détourner votre attention des éléments réellement importants pour la sécurité.

• Vous pouvez vous entraîner facilement à la défocalisation à domicile. Il suffit pour cela de vous placer en face d'un meuble assez large (buffet, armoire), à une distance pas trop grande, de manière à ce que vous ne puissiez pas l'embrasser d'un seul regard. Vous commencez par focaliser sur les différentes parties du meuble et sur les objets qui s'y trouvent : bibelots, livres, disques, etc. Ensuite défocalisez votre vision pour être capable de voir simultanément l'ensemble du meuble, avec ses bords. Votre vision sera alors très approximative, vous aurez une impression d'ensemble du meuble sans pouvoir percevoir de détails précis.

> **Leitmotiv**
>
> Si dans le feu de l'action vous avez tout oublié, une seule consigne : *regarder loin et flou !*

• Pour défocaliser, utilisez l'une des techniques présentées plus haut. Avec l'imagination, essayez de voir loin et flou. Ici comme il n'y a pas d'étendue jusqu'à l'horizon, imaginez que vous regardez bien au-delà du mur de la pièce, assez loin pour que vous puissiez percevoir la totalité du meuble. Cligner légèrement les yeux favorise une vision globale. Vous pouvez aussi vous décentrer de ce que vous voyez pour vous concentrer sur votre respiration ventrale. Enfin, il est possible de combiner les deux techniques.

• Lorsque l'occasion se présente, allez voir une exposition de tableaux impressionnistes. Si l'exposition est très fréquentée, la présence de la foule vous empêchera de voir certains tableaux à la distance qui serait nécessaire. Si vous devez vous rapprocher de la toile, le sujet devient une masse informe où il est difficile de distinguer quoi que ce soit de l'intention du peintre. En revanche, si vous appliquez l'une ou l'autre technique de défocalisation, la peinture de Monet ou Renoir prendra tout son sens.

• Si vous avez vraiment de la peine à relâcher votre attention visuelle par votre propre effort, vous pouvez recourir à une aide extérieure. Si vous n'en portez pas vous-même, empruntez pour les exercices des lunettes de presbyte pour la lecture ou des loupes de lecture vendues à prix modique dans les grands magasins. Ces verres sont prévus pour la vision rapprochée. Si vous les utilisez pour regarder autour de vous, la vision sera très floue car votre œil sera incapable de fournir l'effort d'accommodation qui serait nécessaire pour compenser l'effet du verre. Vos efforts de focalisation resteront vains et vous devrez les abandonner. Gardez les lunettes ou les loupes un certain temps pour que vous puissiez vous habituer à cette sensation de défocalisation forcée, afin de pouvoir ensuite retrouver, sans l'artifice des lunettes, la sensation d'abandon et de détente visuelle. Vous pouvez aussi utiliser un casque de moto et regarder à travers la visière abaissée : votre vision sera un peu floue.

• Une dernière consigne à respecter concernant le regard est de regarder, dans la mesure du possible, uniquement devant soi et à l'horizontale. Les mouvements du regard et de la tête vers le bas ou vers le haut provoquent des vertiges chez les sujets sensibles au vertige. Il en va de même pour les mouvements latéraux. La consigne est donc de regarder vers l'avant, à l'horizontale, en laissant le regard flotter vers l'infini et dans un certain flou.

L'ESSENTIEL À RETENIR

— La peur modifie la manière de regarder.
— Le regard s'agrippe (vertige) puis se brouille par fatigue.
— Apprenez à focaliser et surtout à défocaliser votre vision.
— Pour cela : regardez loin et flou (vision grand angle).
— Mettez votre attention sur la respiration ventrale.
— Regardez devant vous à l'horizontale.

Quatrième outil : se familiariser avec les scénarios catastrophe

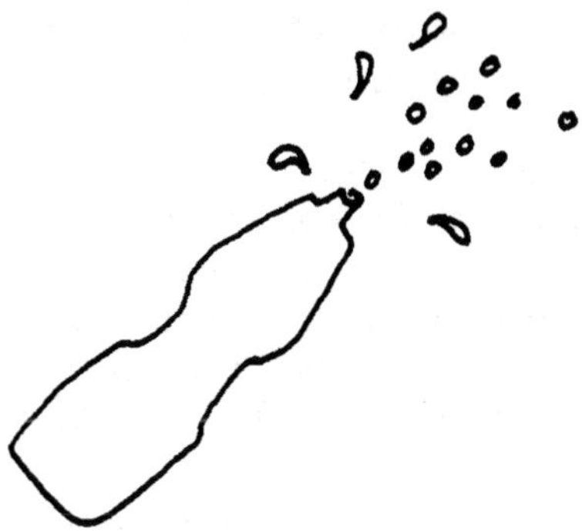

Ne vous laissez pas obnubiler par vos scénarios : familiarisez-vous avec eux

Pour introduire le sujet, ouvrons une bouteille d'eau minérale...

Prenez une bouteille d'eau minérale et secouez-la généreusement. Maintenant dévissez le bouchon. Si l'eau minérale vous asperge rudement, revissez immédiatement le bouchon. Laissez reposer la bouteille un moment puis recommencez l'opération. Dévissez un peu le bouchon et laissez le gaz s'échapper doucement, même si vous êtes encore un peu éclaboussé, avant d'ouvrir complètement la bouteille.

Quel rapport peut-il bien y avoir entre la peur de conduire et l'ouverture d'une bouteille d'eau minérale ? Les bulles de gaz carbonique sont comme les pensées catastrophiques qui accompagnent la peur. Ces pensées sont inhérentes à la peur comme les bulles à l'eau gazéifiée. Elles sont amplifiées par les réactions physiques de la peur comme la force du gaz est augmentée par l'agitation de la bouteille. En contrôlant vos réactions physiques de peur, vous contribuez à diminuer l'intensité des scénarios catastrophe comme le repos de la bouteille apaise la violence de la sortie du gaz à l'ouverture de la bouteille. Malgré tout, il est inévitable que le gaz vous chahute un peu à l'ouverture de la bouteille.

Les conséquences mentales de la peur : les scénarios catastrophe

Je ne me sens pas très bien... je suis tendu... c'est confus dans ma tête... Qu'est-ce qu'il m'arrive ? Je deviens fou ? C'est une attaque cérébrale ? Cela ne peut pas continuer ainsi, il faut que je m'arrête...

J'éprouve une drôle de sensation dans les bras, une sorte de raideur... Comment vais-je pouvoir continuer à conduire dans cet état ?... Si je ne m'arrête pas, je vais perdre le contrôle... je vais provoquer un accident... et c'est moi qui serai responsable...

Il est exclu que je prenne l'autoroute... car si je ne me sens pas bien, je ne peux pas sortir de l'autoroute ou m'arrêter quand je veux... Cela m'est arrivé une fois, j'ai cru ne jamais arriver jusqu'à la sortie suivante... Si ça recommence je vais perdre les pédales et Dieu sait ce qui peut arriver !

Voilà quelques pensées qui ont pu vous traverser l'esprit car elles sont communes chez les personnes sujettes à la peur de conduire. Elles se ressemblent beaucoup alors qu'elles proviennent de personnes différentes, et toutes possèdent les mêmes caractéristiques :

- Leur point de départ est une sensation physique.
- Elles prennent la forme d'une prévision catastrophique : crise cardiaque ou cérébrale, mort, folie, accident, culpabilité.
- Elles sont assez vagues, mal définies, générales.

Si vous êtes envahi de sensations physiques pénibles et que vous perceviez ces sensations comme annonciatrices de catastrophes imminentes, il est bien compréhensible que vous ayez l'impression de n'avoir pas d'autre choix que de vous arrêter de conduire. Nous avons vu dans les chapitres précédents l'origine des sensations physiques et les moyens de les garder sous contrôle. Essayons maintenant de mieux comprendre en quoi consistent ces pensées catastrophiques, quelles sont leurs causes et comment empêcher qu'elles vous paralysent.

Explication

Nous avons vu que les sensations physiques d'alerte provoquent et amplifient les pensées catastrophiques. L'expérience de la bouteille nous dit autre chose. Si à chaque tentative d'ouverture vous refermez immédiatement la bouteille parce que vous ne supportez pas de recevoir la moindre goutte d'eau, il y a de bonnes chances pour que vous ne puissiez jamais boire le moindre verre d'eau minérale. En revanche, vous pourrez certainement vous désaltérer si vous acceptez le risque d'être exposé à un désagrément modéré en laissant les gaz s'échapper de manière contrôlée. À la fin de l'opération, le gaz carbonique n'a pas disparu. Une partie est dans votre estomac, l'autre dans l'atmosphère, mais vous n'y faites plus attention car vous vous y êtes habitué. Il en va de même pour les pensées catastrophiques liées à la peur. Si on les rejette dès qu'elles se présentent à l'esprit, il y a toutes les chances qu'elles se présentent à nouveau à la prochaine occasion puisqu'elles font partie intégrante de la peur. Si au lieu de les repousser on les laisse venir et qu'on accepte d'être un peu perturbé par elles, on va s'y habituer progressivement au point de ne plus être terrorisé par elles. Elles n'ont pas disparu, mais on peut les regarder tranquillement et évaluer objectivement leur fondement, c'est-à-dire le danger réellement encouru. Si votre peur de conduire est irrationnelle, il y a toutes les chances pour que vos scénarios catastrophe se dégonflent dès que vous les examinez en pleine lumière comme les bulles de gaz carbonique se dissipent à l'ouverture de la bouteille d'eau minérale.

> Dans l'alerte, il est normal que les pensées consistent à évaluer le danger en s'efforçant de prévoir toutes les éventualités, y compris les pires.

Il faut se rappeler que la peur est un état d'alerte, et qu'en cas d'alerte il faut prévoir tous les scénarios, y compris le pire. Dans le cas des peurs irrationnelles, la mobilisation reste maximale. C'est ainsi qu'on peut expliquer la persistance des manifestations physiques. Mais comment expliquer la persistance des scénarios catastrophe alors qu'ils ne sont pas confirmés par la réalité ? Il est vraisemblable que l'explication soit du côté de l'évitement et de l'absence d'habituation. Il est impossible d'expérimenter que les bulles de l'eau minérale ne sont pas si terribles que ça si on referme immédiatement la bouteille à chaque début de montée des bulles. De même on ne peut pas évaluer les scénarios catastrophe et se rendre compte de leur inconsistance si on s'efforce de les chasser de son esprit dès qu'ils y font un début d'apparition. Or, rappelons-le, il est normal qu'ils apparaissent puisqu'en cas de danger il est judicieux et même indispensable d'envisager tous les scénarios. Éviter la confrontation avec les scénarios catastrophe présente un double inconvénient :

- Il est impossible d'évaluer correctement leur fondement et leur vraisemblance, et donc difficile d'apprécier avec fiabilité le danger réellement encouru.
- L'évitement renforce toujours la peur, et l'évitement des pensées aussi.

> Éviter les pensées déplaisantes a les mêmes conséquences qu'éviter les sensations déplaisantes et les situations redoutées : entretenir la peur.

La célèbre chanson de Ray Ventura *Tout va très bien, Madame la Marquise* offre un joli exemple de découverte progressive d'un scénario catastrophe, partant d'une nouvelle anodine pour marcher implacablement vers une terrible conclusion. N'osant pas confronter brutalement sa maîtresse à la terrible vérité, le valet la livre par fragments et à reculons, en annonçant pour commencer une nouvelle certes désagréable mais pas catastrophique : la mort de la jument grise. Peu à peu, il s'enhardit à raconter les événements par ordre de gravité croissante et en remontant le temps jusqu'à la catastrophe finale : la jument grise a péri parce que les écuries ont brûlé — les écuries ont brûlé parce que le château a brûlé — le château a brûlé parce que le marquis y a mis le feu involontairement — il y a mis le feu involontairement en se suicidant — il s'est suicidé parce qu'il était ruiné…

La mort de la jument apparaît comme la partie aperçue en premier d'un iceberg dont l'ampleur réelle ne se découvre que par étapes successives. Ici, malheureusement pour la marquise, le scénario catastrophe s'est réalisé. Cette éventualité se produit parfois dans la réalité, mais cela reste exceptionnel. Et dans ce cas encore il faut bien, tôt ou tard, affronter la réalité, et mieux vaut tôt que tard.

Vos scénarios catastrophe n'ont probablement rien à envier, dans leur horreur, à celui vécu par la pauvre marquise. La seule différence est que le scénario annoncé à la marquise s'étant vraiment réalisé, il est présenté au passé. Les scénarios catastrophe liés à la peur de conduire sont quant à eux des prévisions et sont conjugués au futur : *Je vais perdre le contrôle... je vais provoquer un accident...* Ces prévisions sont fondées sur des appréciations erronées, et notamment sur une mauvaise interprétation des sensations physiques. Une exception toutefois : la peur de conduire consécutive à un accident. Dans ce cas, les scénarios sont nourris de l'expérience traumatisante qui s'est réellement produite, mais celle-ci est souvent perçue de manière irrationnelle comme nous le verrons plus loin à travers un exemple relaté en détail. Pour ce qui est du contenu des scénarios catastrophe, il est très personnel quoiqu'il existe des thèmes communs avec des variations individuelles. La catastrophe se déroule en deux phases :

- Une première phase où la catastrophe reste confinée à l'intérieur de soi : sensation de malaise, suffocation, vision trouble, perte de connaissance.
- Une seconde phase dans laquelle une catastrophe extérieure vient s'ajouter à la catastrophe intérieure : provocation d'un accident, autres personnes blessées, décédées, retombées sociales de l'accident, culpabilité, isolement, mort.

Il existe un risque réel de provoquer un accident si on perd le contrôle de soi au volant. Votre scénario catastrophe n'est donc pas complètement infondé, même s'il est très peu probable. C'est la raison pour laquelle votre état d'alerte le fait apparaître et qu'il faut s'y exposer.

D'ailleurs la plupart des gens ont des scénarios de ce genre qui leur traversent l'esprit très fugitivement dans certaines circonstances, y compris au volant. Chez les personnes non anxieuses, ces pensées s'en vont comme elles sont venues, spontanément et instantanément. Ce mécanisme est probablement dû au fait que les personnes non anxieuses n'éprouvent pas le besoin de chasser immédiatement toute pensée inquiétante. En leur laissant le champ libre, elles permettent à ces pensées de faire un tour dans leur esprit et de disparaître aussitôt. Tout effort pour chasser des pensées déplaisantes donne le résultat inverse : elles s'incrustent.

Sachez néanmoins qu'en pratique les personnes souffrant de la peur de conduire ne provoquent pas plus d'accidents que la moyenne des conducteurs, et plutôt moins. En effet, la peur est un garde-fou contre la prise de risques inconsidérés. Les personnes qui provoquent des accidents sont au contraire celles chez qui la perception du danger est diminuée par leur caractère téméraire ou par la prise de substance abaissant la vigilance : alcool, drogues, tranquillisants.

Comment corriger ?

Adoptez un comportement radicalement opposé à l'évitement afin que l'habituation aux scénarios catastrophe puisse se faire naturellement. Vous apprendrez dans les exercices à vous exposer à vos scénarios en les poussant jusqu'au bout en imagination. En vous familiarisant avec vos pires craintes, vous les apprivoiserez, elles ne vous feront plus peur et vous serez en mesure d'évaluer plus sereinement les réels dangers du trafic. Pourquoi faut-il imaginer le pire ? Parce que la peur est régie par la logique du pire. On peut le comprendre, car en cas d'alerte les pires scénarios doivent être envisagés afin que la réponse soit adaptée au danger. Le bon général ou le bon joueur d'échecs est celui qui est capable d'anticiper les pires coups de son adversaire. En vous exposant de manière répétée aux pires prévisions de votre imaginaire, vous parviendrez à ce que ces scénarios, lorsqu'ils se présenteront immanquablement à votre esprit sans que vous les ayez cherchés, ne vous terrifient pas au point de vous empêcher de conduire. Lorsque vous vous serez aperçu que le pire danger qui vous menace est de vous affoler de votre affolement, vos scénarios devraient se dissiper de votre esprit, comme les bulles de l'eau minérale que vous laissez s'échapper à l'ouverture de la bouteille.

Comment explorer les scénarios catastrophe et les amener en pleine lumière pour permettre l'habituation ? Et comment avoir accès à leur partie la plus inquiétante, la partie immergée de l'iceberg que votre esprit ne veut pas voir et repousse hors de la conscience ? La méthode la plus appropriée est appelée par les spécialistes la technique de la *flèche descendante*. Elle a été proposée à l'origine par le psychiatre américain *David Burns** pour mettre en évidence les pensées exagérément pessimistes et souvent non conscientes des patients souffrant de dépression. Appliquée à la peur, elle consiste à dégager par étapes successives votre pire crainte, puis la pire conséquence possible de cette crainte, puis la pire conséquence de cette conséquence, et ainsi de suite jusqu'à ce que vous ayez touché le fond de votre pire scénario. La méthode a pour but d'amener vos pires craintes à la conscience et de permettre l'habituation à ces craintes par répétition de l'exposition. Les spécialistes appellent cette méthode l'*immersion* en imagination. Elle consiste bel et bien à se plonger complètement par l'imagination dans le scénario catastrophe, comme vous le faites au cinéma lorsque vous êtes tellement captivé par l'histoire que vous oubliez par instants que vous êtes au cinéma.

> Explorez les scénarios catastrophe liés à votre peur de conduire sans rechigner à envisager le pire.

Que faire après le déroulement en imagination du scénario catastrophe ? Rien. Il n'est pas nécessaire de se rassurer, de se dire qu'on a fait un mauvais rêve ou que ce n'était qu'un exercice. Laissez l'habituation faire son travail en profondeur et dissoudre peu à peu votre peur. La relativisation et la dédramatisation des scénarios se feront spontanément si vous parvenez à vous exposer en imagination de manière systématique.

Votre entraînement

Les exercices pratiques ont pour but de vous entraîner à explorer vos scénarios et de vous familiariser avec eux, afin qu'ils cessent de provoquer chez vous des réactions d'effroi. Cela vous permettra de concentrer votre attention sur la conduite plutôt que sur votre peur. Il y a autant de scénarios catastrophe que d'individus, et chez la même personne plusieurs scénarios peuvent coexister. À vous

* David Burns, *Feeling good* (1980), traduction française *Se libérer de l'anxiété sans médicaments*, Lattès, Paris, 1996.

d'utiliser la méthode en faisant appel à vos propres pensées, vos propres images et vos propres scénarios.

Avertissement !

Ces exercices mettront vos nerfs à rude épreuve, puisqu'ils consistent à imaginer le pire ! Vous pouvez vous passer de cet outil et vous appuyer uniquement sur les outils concernant les sensations physiques. Néanmoins votre démarche sera plus complète et plus efficace si vous parvenez à dédramatiser et à relativiser vos pires craintes grâce à cet outil.

➤ Exercice 1

Installez-vous dans un endroit calme où vous pouvez vous concentrer sans être dérangé. Fermez les yeux et imaginez que vous êtes en train de conduire dans l'endroit qui provoque chez vous la plus grande peur : tunnel, pont, autoroute, intempéries, etc. Mettez-vous à l'écoute de pensées en vous posant la question : *Qu'est-ce que je suis en train de me dire, juste à cet instant ?* Parfois, ce n'est pas une pensée à proprement parler qui vous occupe l'esprit, mais plutôt une image ou une impression. Vous pouvez donc aussi utiliser la question clé suivante : *Y a-t-il une image, une impression qui me traverse l'esprit, juste à cet instant ?*

Notez sur un calepin la première pensée ou image qui s'est présentée à votre esprit. Par exemple : *Je n'y arriverai jamais..., Mieux mourir que de continuer ainsi tellement je me sens mal... ou : Sortie de route, Accident* ou encore *Honte, folie*. Efforcez-vous de ne pas vous censurer en rejetant des pensées ou des images trop pénibles, ou de vous rassurer en vous disant en cours d'exercice que ce n'est qu'un exercice d'imagination. Répétez l'exercice plusieurs fois de suite, puis, les jours suivants, sans fermer les yeux et à différents moments de la journée. Avec la répétition de l'exercice, l'anxiété ressentie à l'évocation imaginaire du scénario devrait s'atténuer grâce à l'habituation. Donnez-vous cependant le droit d'interrompre l'exercice si votre malaise est trop fort, et reprenez l'exercice plus tard là où vous l'avez laissé. Cette remarque vaut aussi pour les exercices suivants.

➤ **Exercice 2**

Reprenez la pensée ou l'image évoquée à l'exercice 1 et imaginez ce qui pourrait se passer de pire à ce moment. Habillez la pensée ou l'image de détails concrets pour en faire une véritable scène, au sens cinématographique. Limitez-vous à une seule scène centrée sur la pensée ou l'image retenue. Imaginez et racontez-vous à vous-même comme si vous deviez raconter à un tiers la scène dont vous êtes l'acteur principal. Prenez tout le temps qu'il vous faut pour bien décrire la scène. Pour vous familiariser avec cette approche à première vue surprenante, n'hésitez pas à vous aider d'un calepin pour noter les divers éléments de la scène au fur et à mesure qu'ils surgissent dans votre esprit. Notez, par exemple des « mots flash » : *tunnel… suffocation… transpiration… sans fin… attaque cardiaque… mourir…* Finissez l'exercice en reconstituant la scène dans son ensemble, de la manière la plus réaliste qui soit. Celle-ci peut être soit le fruit de votre imagination, ce que vous redoutez le plus, sans que cela se soit déjà réellement passé, soit le souvenir d'un épisode réellement survenu.

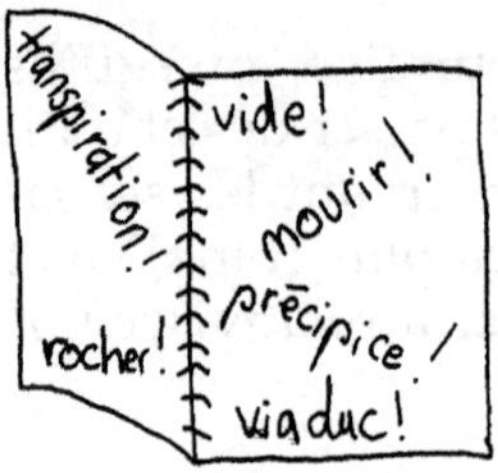

Voici à titre d'exemple le récit du scénario relaté par un patient dans sa thérapie. Il rapporte que lorsqu'il se met à penser qu'il est en train de conduire dans l'endroit qui lui fait très peur, un viaduc, sa première pensée est : *Mieux mourir que de continuer ainsi, tellement je me sens mal…* Invité à compléter et à détailler cette scène, il ajoute :

Je conduis sur l'autoroute, je suis sur un long viaduc interminable. Ma femme est à côté de moi, mes deux enfants derrière. Il y a à gauche un précipice avec un lac au fond, le vide est très profond. À droite c'est un rocher impressionnant, à pic. Je suis tétanisé par la peur, je transpire à grosses gouttes, mon cœur bat la chamade… Ma poitrine est un étau, je ne sais pas si je n'arrive pas à respirer ou si je n'ose pas respirer… J'ai l'impression d'être pris au piège. Le viaduc n'en finit plus. Je ne peux ni m'arrêter ni faire marche arrière, mais je n'arriverai jamais au bout… C'est terrible à dire, mais je crois que la mort me soulagerait. Je ne dis pas un mot, je crois que ma femme se rend compte que quelque chose ne va pas, mais elle ne dit rien. Les enfants jouent entre eux, j'ai à la fois honte d'être dans cet état devant eux et j'ai peur pour eux…

Cette scène est présentée à titre d'exemple. Partez de votre propre première pensée ou image pour reconstituer votre scène à vous, qui est la première du scénario catastrophe dont nous poursuivrons l'exploration à l'exercice suivant. Comme pour les exercices précédents, répétez l'opération deux ou trois fois à la suite. Si c'est une autre pensée ou image qui vient, construisez une scène autour de celle-ci.

Les jours suivants, suivez la même progression que pour les exercices précédents : pratiquez d'abord dans un endroit calme et isolé, yeux fermés, puis avec les yeux ouverts, puis à différents moments de la journée, et pour finir sans interrompre l'activité du moment, à moins que cette activité requière votre attention totale. Avec la pratique, l'exposition en imagination à la scène pénible avec tous ses aspects devrait se faire de plus en plus rapidement et ne devrait pas vous prendre plus que dix à vingt secondes. Mais attention, cela ne doit pas se faire au détriment du caractère concret et imagé de la scène !

➤ **Exercice 3**

Passage à la scène suivante. Le scénario à proprement parler se noue. À partir de la première scène, il s'agit d'enchaîner avec la scène suivante en obéissant à la logique du pire. Vous allez pratiquer de la manière suivante. Reprenez l'exercice 2. Une fois que vous êtes bien imprégné de la scène, vous vous posez la question suivante *: Imaginons que j'en sois vraiment là. Le pire serait alors ?* Plusieurs éventualités se présentent probablement à votre esprit. Envisagez toutes les possibilités, sans vous préoccuper de savoir laquelle est la plus vraisemblable, ni rejeter les plus inquiétantes. Voici, toujours à titre d'exemple, les réponses du patient à qui nous empruntons ce scénario :

1. *Ma femme se met à me parler, ça me calme et me distrait, et ça m'aide à arriver jusqu'à la fin du viaduc.*
2. *C'est tellement insupportable que je suis obligé de m'arrêter.*
3. *Je m'évanouis.*
4. *Les choses s'arrangent, j'arrive à la fin du viaduc sans trop savoir comment.*
5. *Par miracle, je me calme au bout d'un moment et poursuis ma route sans problème.*
6. *Je fais une crise cardiaque.*

Quand vous avez fait le tour de toutes les conséquences possibles de la scène initiale, vous choisissez celle qui vous semble la pire pour vous. Il est important à ce stade de ne pas vous laisser influencer par votre moi rationnel, qui cherche à vous faire choisir l'hypothèse la plus probable ou la plus rassurante. C'est bien la *logique du pire* qui doit vous guider. Dans notre exemple, le patient hésite entre les possibilités 2, 3 et 6. Après réflexion, il opte pour la solution 2. Cette hypothèse lui semble la pire car il est sûr que s'il s'arrête sur le viaduc alors qu'il n'existe pas de piste d'urgence, il va immanquablement provoquer un accident. Cet accident surviendra par sa faute et il se sentira honteux et coupable. Dans les deux autres hypothèses, il y aura aussi un accident, mais il aura l'excuse de la maladie ou de la perte de conscience.

Quand vous avez fait votre choix, récapitulez toute la séquence comprenant la scène 1 et la conséquence qui vous semble la pire. La conséquence que vous avez choisie comme étant la pire constitue la scène 2 du scénario. Efforcez-vous de vivre cette scène en imagination de la manière la plus réaliste qui soit, comme vous l'avez fait dans l'exercice 2 pour la scène 1. Décrivez et vivez les sensations, les pensées et les actions qui caractérisent cette situation. Comme dans les exercices précédents, autorisez-vous à interrompre l'exposition si l'anxiété monte trop ou tarde à redescendre, et reprenez l'exercice un peu plus tard.

Dans notre exemple, le patient a choisi comme pire hypothèse : *C'est tellement insupportable que je suis obligé de m'arrêter*. Il va donc décrire en détail, et vivre de l'intérieur, ce qui se passe lorsqu'il s'arrête sur le viaduc.

Je ne peux plus continuer à conduire. Je décide de m'arrêter, même si je sais que j'ai toutes les chances de provoquer un accident, car il n'y a pas de piste d'urgence sur le viaduc. J'enclenche les feux de détresse et commence à freiner. Ma femme me demande ce que je fais. Je suis incapable de lui répondre mais je continue de freiner pour m'arrêter progressivement, de manière à ce que les voitures qui me suivent aient la possibilité de freiner aussi. Maintenant je roule très lentement sur le viaduc. Je suis complètement trempé, mes bras et mes jambes tremblent, je ne vois plus très bien. Ma femme crie : « Avance, nous allons provoquer une collision ! » Je suis tellement tétanisé que je suis incapable de lui répondre. Les enfants demandent ce qui se passe et se mettent à pleurer. J'entends les hurlements des klaxons des voitures qui se trouvent derrière nous, ça me rend encore plus fou.

Continuez alors la démarche en vous posant toujours la même question : *Imaginons que j'en sois vraiment là. Le pire serait alors... ?*

Appliquez à nouveau la même méthode : envisagez toutes les possibilités, sans souci de vraisemblance ni de réassurance, et choisissez celle qui vous semble la pire. Cette hypothèse devient la scène 3 du scénario catastrophe. Vous lui appliquez le même traitement qu'aux scènes 1 et 2, à savoir description détaillée et réaliste, puis choix de la pire des conséquences, qui deviendra à son tour la scène 4 du scénario.

Continuez ainsi de suite jusqu'à atteindre ce qui vous semble la scène ultime et indépassable du scénario. L'expérience montre que la mort est toujours présente dans les scénarios catastrophe, du moins lorsque la peur de conduire est intense. Il est important de ne pas éviter cette étape, et même de la dépasser. Voici à titre d'exemple la suite du scénario catastrophe complet de notre patient reconstituée à travers son dialogue avec le thérapeute. Il faut préciser que plusieurs séances thérapeutiques ont été nécessaires pour mettre au jour ce scénario.

— *Finalement, ma voiture est arrêtée sur la voie de droite de l'autoroute, au beau milieu du viaduc... J'ai chaud, j'ai froid, je suis couvert de sueur, mes bras et mes mains tremblent, mes jambes sont en flanelle, je ne les sens presque plus. Je regarde ma femme, elle ne dit rien. Les enfants crient : « Que se passe-t-il ? » Je m'attends à ce que d'une seconde à l'autre une voiture nous emboutisse par l'arrière. Mais rien ne se passe. Les klaxons ont cessé.*

— *Imaginons que vous en soyez là. Le pire serait alors... ?*

— *En fin de compte, je crois que le pire serait que rien n'arrive. Avec ma crise de panique et mon arrêt intempestif, j'ai provoqué un début de bouchon, mais maintenant les autres voitures me dépassent et me laissent là, désemparé, seul avec mon problème. Peu à peu, mon malaise physique s'atténue, mais les idées se brouillent dans ma tête. Nous sommes sur un viaduc interminable, je suis incapable de continuer et j'ai honte...*

— *Imaginons que vous en soyez là. Le pire serait alors... ?*

— *Ma femme prend le volant jusqu'à la localité suivante. Nous nous arrêtons pour prendre un café. Ma femme me demande ce qui s'est passé. Je lui dis : « Je ne sais pas... tout d'un coup je me suis senti très mal, je croyais que j'allais mourir ou que je devenais fou. » Ma femme ne comprend pas, elle se demande si je ne suis pas réellement devenu fou. Je suis complètement sonné par ce qui vient d'arriver, épuisé physiquement et incapable d'aligner la moindre pensée. J'ai cru mourir deux fois. Une première fois à cause du malaise intense que j'ai ressenti tout d'un coup sans raison. La seconde fois, peu après, quand j'étais sûr que le ralentissement et l'arrêt de ma voiture allaient provoquer un carambolage, que nous serions tous écrasés dans la voiture et peut-être précipités dans le vide...*

— *Imaginons que vous en soyez là. Le pire serait alors... ?*

— *Après ce qui s'est passé, je n'ose plus reprendre l'autoroute. J'ai même très peur de reprendre le volant, de peur de me sentir mal à nouveau. De ce fait, ma vie a beaucoup changé, car je suis devenu dépendant des autres pour de nombreuses activités. J'ai moins de plaisir à vivre, d'autant que je suis hanté par l'idée qu'une nouvelle crise, peut-être plus forte encore que la première, survienne. On dirait que ça peut venir n'importe où, n'importe quand...*

— *Imaginons que vous en soyez là. Le pire serait alors... ?*

— *Que je commence à faire des crises répétées... Car ma vie est un enfer, je deviens fou et personne ne me comprend. Je dois arrêter mon travail... Les membres de ma famille ne me comprennent pas, ils s'éloignent peu à peu de moi...*

— *Imaginons que vous en soyez là. Le pire serait alors... ?*

— *Que je devienne vraiment fou, car je ne supporte plus cette situation.*

— *Imaginons que vous en soyez là. Le pire serait alors... ?*

— *Finir mes jours à l'hôpital psychiatrique. Personne ne vient me voir. Je suis seul, je n'ai plus qu'à mourir.*

— *Imaginons que vous en soyez là. Le pire serait alors... ?*

— *Je n'en peux plus, je mets fin à mes jours.*

— *Imaginons que vous en soyez là. Le pire serait alors... ?*

— *Il n'y a pas de pire, c'est le soulagement définitif, je ne ressens plus rien, plus de souffrance...*

— *Mais si le scénario s'arrête pour vous à cet endroit, la vie continue peut-être pour les autres ?*

— *Oui, mes proches sont vivants alors que je suis mort. Mais ils comprennent enfin à quel point j'ai souffert, ils ont un peu de compassion pour moi... Je suis apaisé.*

— Qu'est-ce que ça vous fait, d'avoir exploré ainsi sans détour vos pires craintes ?

— C'est étonnant à dire, mais finalement je suis soulagé... D'abord, tout cela me semble quand même très peu probable... Et puis, il me semble que j'ai presque moins peur de ces catastrophes depuis que j'ai osé y penser jusqu'au bout. Jusqu'à maintenant je n'ai jamais osé aller aussi loin, je m'arrêtais en chemin... dès que je pensais à m'arrêter sur le pont je m'efforçais à tout prix de penser à autre chose...

Paradoxalement, ce patient a moins peur de ses scénarios catastrophe alors qu'il les a poussés en imagination jusqu'à leur dernière extrémité. En réalité, ce n'est pas si paradoxal que cela. En s'exposant à ses pires cauchemars, il a commencé à s'y habituer, ils deviennent moins effrayants, et il peut les relativiser, c'est-à-dire apprécier de manière un peu plus réaliste la probabilité de leur survenue.

Les jours suivants, répétez l'exercice, aussi rude soit-il pour vos nerfs. Vous constaterez qu'avec l'expérience et la répétition de l'exposition aux éléments les plus noirs du scénario catastrophe, celui-ci devient progressivement moins terrifiant. C'est le signe que vous aurez commencé à vous y habituer.

> **Leitmotiv**
>
> Si vous avez tout oublié, une seule consigne : *et alors, le pire serait... ?*

Suivez la même progression que pour les exercices précédents : pratiquez d'abord dans un endroit calme et isolé, yeux fermés, puis avec les yeux ouverts, puis à différents moments de la journée, et pour finir sans interrompre l'activité du moment, à moins que cette activité requière votre attention totale. Accordez-vous toujours la possibilité d'interrompre l'exposition pour la reprendre un peu plus tard si l'anxiété vous semble excessive. Lorsque vous avez repris le contact avec le volant, une fois que vous êtes bien familiarisé avec votre scénario catastrophe et qu'il ne vous fait plus peur, n'hésitez pas à le visualiser de temps à autre, de manière fugace. Cela ne devrait pas prendre plus d'une à deux secondes, et ne devrait pas distraire votre attention davantage qu'une musique diffusée sur votre autoradio.

Conseils pratiques

• Si vous avez de la peine à franchir le seuil de la mort lors de l'exposition au scénario catastrophe, prenez un peu de temps pour aborder ce passage crucial. Consacrez plusieurs séances à ce seul thème, en réfléchissant à la représentation que vous vous faites de la mort. En imaginant quelle expérience cela peut être. En pensant à la mort d'êtres proches et à ce qu'ils sont devenus.

• Si le soulagement attendu après une exposition répétée au scénario ne se produit pas, ne passez pas à l'étape suivante. Cherchez dans votre manière de vous exposer quelque chose qui ressemble à de l'évitement ou de la réassurance. L'évitement et la réassurance sont en effet les deux ennemis de l'habituation et par conséquent les meilleurs amis de la peur. L'évitement peut se traduire par le fait de se confiner dans le récit à des thèmes généraux, abstraits, vagues, comme on les a vus au début de chapitre, au lieu de visualiser la réalité avec tous ses détails précis et concrets. Une autre manifestation de l'évitement consiste à parler à la troisième personne. Transformez le récit pour le mettre à la première personne : *Dans ce cas, je perds le contrôle* au lieu de *Dans ce cas, on peut perdre le contrôle*. La réassurance va dans le même sens que l'évitement : éviter une confrontation trop rude au scénario imaginé. Elle peut prendre plusieurs formes : *Je sais bien que ça n'ira jamais si loin* ou *J'ai quand même la capacité de réagir*. Une forme subtile d'évitement et de réassurance consiste à formuler le récit au mode interrogatif ou conditionnel, ou à la troisième personne. Transformez *Je me demande si on peut perdre le contrôle* ou *Si ça continue je pourrais perdre le contrôle* en *Je vais perdre le contrôle !*

• Si tout cela ne donne rien, reprenez le scénario à la scène précédente. Vous pouvez aussi renoncer à apprivoiser vos scénarios catastrophe et n'utiliser que les outils s'adressant aux sensations physiques. Il se peut qu'ils suffisent, puisque la diminution de l'intensité des sensations d'alerte diminue aussi l'intensité des pensées catastrophiques.

• Il s'avère souvent nécessaire de procéder en deux temps : d'abord explorer le scénario catastrophe minutieusement, sans souci de s'y exposer ; ensuite rassembler les morceaux du puzzle et s'y exposer.

• L'exploration du scénario est facilitée par l'emploi d'un calepin sur lequel vous notez les éléments du scénario, au fur et à mesure qu'ils se présentent à votre esprit. Une fois que le brouillon du scénario est prêt, récapitulez-le au propre sous forme de mots clés reliés par des flèches.

• Enregistrez le scénario sur une cassette audio pour l'écouter à plusieurs reprises.

L'ESSENTIEL À RETENIR

— La peur inclut obligatoirement la production de scénarios catastrophe.
— Le problème, ce n'est pas de faire des scénarios catastrophe.
— C'est de s'en effrayer ou de chercher à les éviter.
— Chercher à les éviter augmente la peur.
— S'y exposer en imagination de manière répétée permet de les relativiser.
— Suivez la logique du pire et exposez-vous de manière progressive.

Quelques outils complémentaires

Ne vous laissez pas perturber par les palpitations, les vertiges et la chaleur

Autres conséquences physiques de la peur

En plus des manifestations d'alerte d'origine respiratoire, musculaire et visuelle, il existe d'autres sensations physiques dérangeantes qu'il est utile de connaître et d'apprivoiser : l'accélération du cœur et les palpitations, la chaleur et les vertiges. En temps normal on ne sent pas battre son cœur. La palpitation est la sensation du cœur qui bat plus vite ou plus fort que normalement. La peur est souvent associée à une sensation de chaleur montant de l'estomac vers le thorax, le cou et la tête.

Explication

L'accélération du cœur et les palpitations traduisent l'augmentation de l'activité circulatoire déclenchée par l'état d'alerte. C'est un phénomène aussi normal, dans l'alerte et la peur, que la modification de la respiration ou du tonus musculaire. Il n'y a donc pas de raison de s'en formaliser. Ce serait plutôt le contraire qui serait inquiétant. Imaginez qu'un général mobilise ses troupes pour repousser une attaque adverse et que les soldats ne bougent pas, continuent à vaquer à leurs occupations routinières ! Si vous avez de la peine à supporter la sensation de votre cœur qui bat, dites-vous que lorsque vous êtes sous le coup d'une émotion, vous ne vous étonnez pas de le sentir battre un peu plus fort et un peu plus vite que d'habitude. La peur est une émotion et mobilise le cœur, rien d'étonnant à cela. Si malgré ce raisonnement, vous avez toujours de la peine à accepter les palpitations, exercez-vous à en provoquer volontairement (exercice 1).

La sensation de chaleur traduit aussi la mobilisation du système circulatoire qui provoque un afflux brusque de sang vers le haut du corps. Or le sang est un liquide bien chaud. Baignez-vous dans une eau à 37 degrés si vous n'en êtes pas convaincu ! Par contraste, une sensation de froid glacé peut succéder à la chaleur, due au fait que certains organes reçoivent, eux, moins de sang en cas d'alerte. L'exercice 2 vous aidera à vous habituer à la sensation de chaleur.

Enfin, les sensations de vertige, l'impression de vaciller, de perdre l'équilibre, peuvent avoir plusieurs origines : respiratoire (par hyperventilation), visuelle (par focalisation excessive), musculaire (le sens de l'équilibre est donné en partie par des récepteurs situés dans les muscles), et vestibulaire. On appelle vestibule le centre de l'équilibre situé dans l'oreille interne. Chez certaines personnes anxieuses, il semble que le vestibule soit particulièrement sensible, c'est-à-dire réagisse un peu trop violemment à toute stimulation, même légère. Le résultat est une sensation vertigineuse souvent associée à de la nausée. Ces personnes ne supportent pas les carrousels, les culbutes, et ont facilement le mal des voyages. De ce fait, elles évitent les stimulations de leur vestibule, ce qui rend celui-ci encore plus sensible. Si c'est votre cas, essayez de désensibiliser votre vestibule en l'exposant de manière répétée à des stimulations, c'est-à-dire des mouvements de la tête ou de tout le corps (exercices 3 et 4).

Votre entraînement

➤ Exercice 1

Commencez par prendre votre pouls, par exemple au poignet, à la base du pouce. Comptez le nombre de pulsations sur 15 secondes, puis multipliez par quatre. C'est ce qu'on appelle le pouls. Notez la valeur du pouls au repos, par exemple 60, ou 72, ou 80. Ensuite faites un exercice physique assez soutenu pendant quelques minutes. Par exemple, grimpez 5-7 étages d'un pas vif, ou effectuez des pompes (flexions des bras soulevant le corps à plat ventre) ou encore, si vous êtes à l'extérieur, un pas de course. Dès l'effort terminé, reprenez votre pouls et imprégnez-vous de la sensation de votre cœur qui bat vite et fort (palpitations), sensation qui devrait ne pas se limiter au cœur lui-même mais s'étendre à d'autres parties du corps : cou, tête, ventre, etc. Dans les minutes qui suivent l'arrêt de l'effort, vous sentez peu à peu les palpitations s'estomper et disparaître : la mobilisation est terminée, le cœur reprend son rythme de croisière. Répétez l'exercice jusqu'à ce que vous soyez bien familiarisé avec la sensation de votre cœur battant vite et fort.

➤ Exercice 2

Si vous avez besoin de vous habituer à la sensation de chaleur pour qu'elle ne vous inquiète plus, pratiquez le même effort physique que lors de l'exercice précédent mais en mettant l'accent cette fois sur la sensation de chaleur produite par la mobilisation physique. Pour bien ressentir la chaleur, emmagasinez-la dans votre corps en l'empêchant de sortir : emmitouflez-vous complètement dans des vêtements chauds couvrant tout le corps pendant que vous produisez votre effort, y compris la tête qui doit être recouverte à l'exception des yeux et du nez. La consigne est comme dans l'exercice précédent de prendre d'abord conscience de l'état physique normal, c'est-à-dire sans mobilisation, puis de bien s'imprégner de la sensation de chaleur produite par la circulation sanguine accélérée. Il n'y a pas de raison d'interpréter différemment la chaleur produite par votre corps en cas d'effort ou en cas de peur. C'est le même mécanisme de mobilisation par le système nerveux autonome qui en est responsable.

➤ **Exercice 3**

En position assise sur un siège, regardez droit devant vous en fermant les yeux, puis pivotez la tête en la déplaçant vers la gauche, puis vers la droite. Répétez l'exercice jusqu'à provoquer une légère sensation de vertige et/ou de nausée. Refaites le même exercice en ouvrant les yeux. En répétant l'exercice, si votre vestibule se désensibilise, autrement dit s'habitue à la stimulation à laquelle vous le soumettez, la sensation désagréable s'atténue.

➤ **Exercice 4**

Asseyez-vous sur le bord de votre lit, puis laissez-vous tomber en arrière sur le lit. Répétez l'exercice. L'habituation doit aussi se produire après quelques exercices.

Vous pouvez donner un caractère ludique à votre entraînement vestibulaire si vous avez des enfants dans votre entourage. Ils adoreront faire des culbutes avec vous, sur le tapis du salon, ou sur l'herbe d'un parc ou d'un pré, ou vous entraîner dans des rondes folles sur les carrousels.

L'ESSENTIEL À RETENIR

— La peur active le cœur, la circulation et le centre de l'équilibre.
— Conséquences : palpitations, chaud-froid, vertiges.
— Pas de panique : exposez-vous aux sensations correspondantes.

Chapitre 3

Affrontez votre peur pas à pas

La meilleure manière de vous donner une idée de ce que vous pouvez faire vous-même est de vous raconter en détail les traitements suivis par des patients auprès d'un spécialiste de la thérapie comportementale et cognitive. Inspirez-vous de ces récits pour votre propre traitement, en sachant que les principes à appliquer sont les mêmes. Avant de commencer votre traitement, familiarisez-vous avec le premier chapitre de l'ouvrage qui présente les notions de base à connaître et les précautions à respecter. Ensuite mettez au point vos outils antipanique en suivant la méthode décrite dans le deuxième chapitre. Planifiez votre propre traitement en suivant les étapes des traitements présentés dans cette partie à titre d'exemples. Complétez votre préparation en utilisant les indications spécifiques mentionnées dans le quatrième chapitre. Finalement, jetez-vous à l'eau ou plutôt, installez-vous au volant !

La peur de se retrouver enfermé

L'histoire de Michel

Michel est âgé de 27 ans, célibataire. Il est engagé dans une relation sentimentale qu'il décrit comme solide, même si depuis quelque temps ses problèmes empiètent sur la vie du couple comme nous le verrons plus loin. Avec sa compagne il habite en banlieue. Michel est informaticien dans une grande entreprise et sa profession l'amène à se déplacer quotidiennement dans les différentes parties de la ville pour effectuer des travaux dans les agences de l'établissement, situées à quelques kilomètres les unes des autres. Avant la survenue de ses problèmes, Michel effectuait la plupart de ses déplacements professionnels en voiture, de même que les trajets entre son domicile et son lieu de travail.

Sa peur de conduire a débuté subitement il y a près de trois ans, alors qu'il se rendait à son travail au volant de sa voiture. Au beau milieu du trafic et sans aucune raison apparente, alors qu'il s'apprête à s'engager sur un pont reliant les deux rives du fleuve qui traverse la ville, il commence à percevoir des sensations étranges et inquiétantes dans son corps :

Une grande chaleur monte en moi du ventre vers la poitrine, le cou et la tête, avant de se transformer en sensation de froid intense, des glaçons qui descendent jusqu'aux pieds… je me mets à frissonner, mes bras et mes jambes tremblent comme si j'avais une forte fièvre, mon cœur s'emballe, ma poitrine est oppressée, je manque d'air, ma tête se vide et s'embrouille… je n'arrive plus vraiment à penser, je n'ai que deux idées en tête : ou je deviens fou ou je suis en train de faire une crise cardiaque…

Conduisant comme guidé par un pilote automatique, Michel parvient à arrêter sa voiture sur un trottoir, et appelle au secours son frère par l'intermédiaire de son téléphone portable. Le frère arrive sur les lieux après une quinzaine de minutes. Entre-temps, Michel est sorti de la voiture, aspirant l'air à pleins poumons et faisant les cent pas sur le trottoir pour retrouver des sensations normales. Il hésite à interpeller les passants pour leur demander de l'aide, craignant de passer pour fou. Il se sent un peu mieux qu'auparavant. Néanmoins, lorsqu'il arrive sur place son frère le conduit à l'hôpital pour un contrôle. Quatre heures plus tard, Michel quitte l'hôpital. Les médecins se sont montrés rassurants : *Tous les examens sont normaux, le cœur va bien, vous n'avez rien d'autre que de l'angoisse*. Michel reste encore sonné par ce qui vient de lui arriver, mais les sensations anormales ont presque disparu. La crise a connu une intensité maximale pendant une dizaine de minutes. Il ne subsiste qu'une certaine faiblesse dans les jambes et un épuisement physique et moral. Michel quitte l'hôpital avec pour seul traitement un comprimé de tranquillisant et le conseil d'aller voir son médecin et peut-être même de consulter un psychiatre pour entreprendre une psychothérapie. Son frère le ramène chez lui, il se met au lit où il dort le reste de la journée et la nuit suivante.

Le lendemain matin puis les jours suivants, il se rend à son travail en bus au lieu de prendre sa voiture comme d'habitude. Il éprouve une grande appréhension à l'idée de reprendre le volant, ayant peur d'être victime d'un nouveau malaise. Au cours des semaines et des mois qui suivent la première crise, Michel ressent à plusieurs reprises des sensations désagréables au volant, un peu semblables à celles de la première crise, mais beaucoup moins intenses. Peu à peu Michel restreint progressivement l'usage de la voiture, du centre vers la périphérie. Après avoir renoncé à se rendre dans le centre de la ville aux heures de pointe, il se met à éviter les tunnels, l'autoroute, puis les grands axes très fréquentés. Finalement, un an après le début de ses problèmes au volant, Michel renonce complètement à l'usage de la voiture. Entre-temps il a acheté un scooter avec lequel il effectue tous ses déplacements en ville.

Par honte et par peur de passer pour ridicule ou bizarre, Michel cache à ses collègues et amis, hormis à ses très proches, son frère et son amie, la véritable raison de son abandon progressif de la voiture. Il trouve des justifications à son changement de comportement. Il explique autour de lui que circuler en ville est devenu impossible tellement le centre est engorgé, la voiture coûte cher, elle pollue, le scooter est plus rapide, plus sympa… Michel est conscient qu'il s'agit là de prétextes. En réalité, il a été traumatisé par la crise d'angoisse, pendant laquelle il a balancé entre la crainte de perdre la raison et celle de perdre la vie. Ne voulant en aucun cas revivre cette expérience terrifiante, il pense diminuer le risque d'une nouvelle crise en restreignant de plus en plus l'usage de la voiture. Les trajets en transports publics deviennent eux-mêmes difficiles et sont progressivement abandonnés, en particulier les trams et les bus bondés, les trains hermétiquement fermés comme le TGV, les avions. De ce fait, les déplacements sur de longues distances sont évités ou deviennent de véritables tortures, à moins que son amie accepte de prendre le volant. Dans ce cas, le trajet est un peu moins pénible. Même les queues dans les magasins et les bureaux deviennent insupportables. En fait, Michel se sent mal dans tous les endroits où il a l'impression qu'il est prisonnier, qu'il ne peut pas s'échapper alors qu'il étouffe, et les évite. Le seul endroit où il se sente vraiment bien est sur son voilier, au grand air, libre de toute entrave, de tout obstacle.

Avec le temps et malgré l'usage de son scooter, la situation de Michel devient de plus en plus difficile. Sur le plan professionnel, il doit parfois demander à un collègue de le remplacer lorsqu'il est appelé en déplacement dans une autre ville, se sentant incapable de s'y rendre, aussi bien en voiture qu'avec les transports publics. Ses collègues et ses supérieurs lui demandent pourquoi il s'obstine à se compliquer la vie. Une promotion lui est refusée en raison de ses difficultés à se déplacer. Les ennuis gagnent également la vie privée. Se sentant de plus en plus à l'étroit et oppressé dans tout endroit public, il commence par restreindre la fréquentation des théâtres et cinémas aux séances de l'après-midi, et à condition qu'il y ait des places libres au fond de la salle et en bordure de rangée. Son amie s'inquiète et s'irrite en même temps de ces complications, ne comprenant pas l'attitude de son ami jusqu'au jour où Michel craque et lui avoue le cauchemar qu'il vit depuis la crise survenue en voiture : la hantise quasi permanente de la crise ; le sentiment d'être guetté par la folie ou la crise cardiaque ; les restrictions de plus en plus envahissantes dans la vie quotidienne ; le moral effondré à force de constater que la situation empire inexorablement de mois en mois…

Voilà l'histoire de Michel au moment où il consulte un spécialiste, encouragé par son amie et par son médecin traitant. Celui-ci constate que la réassurance et la prescription de tranquillisants se montrent insuffisantes pour juguler l'anxiété croissante et la dépression qui en résulte.

Ce qu'il y a de typique dans l'histoire de Michel

Certains d'entre vous ont certainement retrouvé dans l'histoire de Michel beaucoup de similitudes avec leur propre histoire. L'évolution que nous venons de suivre à travers les mésaventures de Michel se produit très souvent, même si heureusement les conséquences ne sont pas toujours aussi dramatiques. Si vous vous souvenez de ce que nous avons vu dans le premier chapitre, vous avez reconnu dans le problème de Michel un trouble panique avec agoraphobie, dont la peur de conduire est l'élément principal. Typiquement, le processus de constitution de la peur de conduire liée à l'agoraphobie comprend quatre étapes :

- Survenue d'une panique spontanée au volant.

La panique se produit souvent dans des endroits fermés : tunnel, pont, autoroute, bouchon. Parfois la première panique survient non pas au volant mais dans un autre endroit fermé comme un ascenseur, l'avion, le métro, le TGV.

- Appréhension qu'une nouvelle panique se produise.

La peur de la panique concerne le contexte où la première panique est survenue.

- Évitement de ce contexte.
- Généralisation de l'évitement.

L'appréhension et l'évitement s'étendent aux endroits où le trafic est resserré comme les tunnels, les ponts, l'autoroute, les rues étroites et engorgées. De là la difficulté s'étend à toute situation où on peut se sentir à l'étroit : rues bondées, grands magasins, lieux de spectacles, transports publics. L'agoraphobie est alors constituée. Parfois la conduite automobile est limitée à certains secteurs précis, alors que certaines personnes renoncent complètement à conduire et deviennent dépendantes des proches et des taxis puisque l'usage des transports publics est pour elles problématique.

Comment traiter la peur de se sentir enfermé au volant ?

Comme nous l'avons vu dans le premier chapitre de l'ouvrage, le traitement de la peur de conduire comprend deux phases :

- Acquérir les outils permettant de maîtriser la panique.
- S'exposer méthodiquement aux situations évitées.

La capacité de maîtriser et de prévenir la panique se base sur trois éléments :

- Interpréter correctement les sensations physiques d'alerte.
- S'habituer à ces sensations et les contrôler méthodiquement.
- Apprivoiser les scénarios catastrophe.

Le déroulement du traitement de Michel

La meilleure manière de vous donner une idée de ce que vous pouvez faire vous-même est de vous décrire en détail le traitement suivi par Michel chez un spécialiste, en sachant que les principes du traitement présenté ici sont tout à fait applicables dans un traitement par vous-même. Le traitement de Michel a pris environ un an, se déroulant sur un total de 22 séances, hebdomadaires pour les séances 1 à 15, puis espacées à quinzaine et finalement à un mois pour les dernières. Les douze premières séances ont été consacrées à la maîtrise de la panique, les dix dernières à la reprise du contact avec le volant et à l'exposition progressive à la conduite automobile dans divers contextes. Rappelons qu'au début du traitement Michel ne conduit plus du tout depuis près d'un an, et se sent mal dans bon nombre de situations où il se sent enfermé : transports publics, lieux de spectacles.

Michel apprend à interpréter correctement ses sensations

➤ Séance 1

Le thérapeute demande à Michel de citer toutes les sensations déplaisantes qui surviennent lorsqu'il est angoissé. Michel mentionne successivement : l'accélération du cœur, la respiration haletante, les tensions et les tremblements dans les membres, les sensations de vertige et de chaud-froid. Le thérapeute demande ensuite à Michel s'il lui arrive de ressentir ces phénomènes dans d'autres situations que l'angoisse. Michel répond que ça peut lui arriver d'éprouver certaines sensations comparables lorsqu'il fait du sport, lorsqu'il a une frayeur, lorsqu'il est très ému, lorsqu'il a de la fièvre, ou encore pendant les relations sexuelles. Le thérapeute amène ensuite Michel à prendre conscience que toutes les situations évoquées ont un point commun. Ce sont des situations où l'organisme mobilise toute son énergie pour faire face à un défi : effort physique, danger, émotion, sexe.

— Lorsque vous êtes angoissé, tout se passe comme si votre corps se préparait à affronter une épreuve de taille et mobilisait pour cela toute son énergie. Est-ce bien ça ?

— On le dirait, mais quand je fais du sport, ou l'amour, il y a une raison pour être dans cet état, et je le trouve normal. Quand je conduis, il n'y a aucune raison, c'est incompréhensible.

À travers la suite de l'entretien le thérapeute amène Michel à comprendre l'utilité d'un système d'alerte, et à accepter que le système nerveux autonome échappe à sa volonté. Il montre ensuite le lien possible entre ses sensations physiques et la préparation à la fuite ou à la lutte qui caractérisent la mobilisation face à un danger. Michel ayant admis que les réactions d'alerte échappent au contrôle de sa volonté, le thérapeute le conduit progressivement à considérer les sensations pénibles de l'anxiété sous un autre angle, autrement dit à les interpréter différemment. Voici un extrait de leur dialogue.

— Vous admettez que votre corps puisse et même doive se mettre en état d'alerte en cas de danger ?

— Oui, évidemment !

— Dans ce cas, estimez-vous normal ou anormal que votre cœur et votre respiration s'accélèrent, et que vos muscles se tendent sans que vous y soyez pour quoi que ce soit ?

— Vu comme ça, ces réactions sont normales ! Mais à quel danger si grave suis-je confronté quand je prends le volant ?

— Nous reviendrons un peu plus tard sur ce point. Revenons à vos réactions d'alerte. Si celles-ci sont normales, faut-il s'en inquiéter ?

— Non, bien sûr.

— Que peut-on faire, au lieu de s'en inquiéter ?

— Essayer de les supprimer !

— Imaginons que vous êtes le pompier de service à la centrale d'alerte, et qu'un clignotant rouge s'allume, signalant une alarme incendie à l'hôpital. Allez-vous supprimer le signal d'alerte en éteignant le clignotant ?

— Non, je pourrais commencer par vérifier s'il s'agit d'une vraie alerte en téléphonant à l'hôpital, et si oui, envoyer les hommes…

— Et si l'hôpital vous dit que c'est une fausse alerte ?

— Dans ce cas je poursuivrai ma garde sans envoyer les équipes de pompiers à l'hôpital.

— Et si c'était votre première garde, comment réagiriez-vous au clignotant rouge ?

— Je pense que je m'affolerais d'abord un peu, j'appellerais peut-être mon supérieur pour m'aider à agir de manière correcte.

— Et à la centième garde ?

— Je pense que je serais assez habitué à ces situations pour réagir adéquatement sans l'aide de mon chef, si le clignotant rouge s'allume.

— Si nous revenons à votre clignotant rouge à vous, vos réactions physiques d'alerte, comment y réagissez-vous lorsque vous êtes au volant ou au cinéma ? Comme le pompier débutant qui s'affole un peu, ou comme le pompier chevronné qui accepte qu'une alerte puisse se déclencher et prend les mesures appropriées : vérifier le bien-fondé de l'alerte et, si nécessaire, mettre en route la lutte contre l'incendie ?

— J'ai l'impression de m'affoler passablement…

— Quelles sont les pensées qui vous affolent dans ces moments ?

— Je me dis que je suis en train de faire une crise cardiaque, ou que je deviens fou !

— Si l'une ou l'autre de ces éventualités se produisait vraiment, y aurait-il là un danger, une menace pour vous ?

— Bien sûr, ce serait terrible…

— Est-ce que nous ne mettrions pas là le doigt sur le danger que nous cherchions tout à l'heure, le déclencheur de la mobilisation générale ?

— Oui, mais j'ai ces pensées terribles parce que je me sens mal physiquement, et pas avant.

— Il se pourrait que votre système d'alerte soit très sensible, trop sensible, et se déclenche parfois en l'absence de vrai danger.

— Il s'agirait de fausses alertes ?

— Oui, il arrive fréquemment que chez les personnes anxieuses le système de détection de danger soit un peu trop sensible et se déclenche

sans raison apparente. Si le déclenchement des réactions physiques d'alerte entraîne chez vous des pensées du genre : Je fais une crise cardiaque ou Je deviens fou, quelle peut être la conséquence sur le système d'alerte ?

— Il peut trouver là une raison supplémentaire de se mettre en route.

— C'est une possibilité à considérer sérieusement. Nous y reviendrons quand nous aborderons les pensées. Mais pour le moment, restons sur les sensations physiques. Combien de fois avez-vous reçu des signaux d'alerte depuis le début de vos problèmes ?

— De très nombreuses fois.

— Parmi ces alertes, combien étaient fondées, combien de fois ce que vous redoutiez s'est réellement produit ?

— Aucune, je le sais bien. Et pourtant à chaque fois je m'affole, et j'essaie de ne pas y penser !

— Conclusion ?

— Jusqu'à maintenant, toutes les alertes ont été de fausses alertes. Mon système d'alerte doit être trop sensible puisqu'il se déclenche à tort et à travers.

— Encore une chose. Chez les pompiers, pensez-vous que le signal clignotant rouge soit de teinte différente ou clignote différemment selon qu'il s'agit d'une vraie alerte, c'est-à-dire un incendie, ou d'une fausse alerte, par exemple due au fait que quelqu'un est en train de fumer juste en dessous du détecteur de fumée ?

— Non, sûrement pas !

— Je ne le pense pas non plus. Il en va de même pour le système d'alerte de l'être humain. Le signal d'alerte est le même qu'il s'agisse d'une alerte déclenchée par un danger réel ou d'une fausse alerte. Rien d'étonnant donc à ce que les manifestations d'anxiété soient aussi fortes que si vous étiez confronté à un danger réel.

— Mais pourquoi est-ce que je ne m'habitue pas à ces signaux d'alerte, à force de les recevoir ?

— C'est une question importante, et les médecins s'interrogent aussi là-dessus. Il y a peut-être une explication. Selon vous, le pompier chevronné regarde le clignotant rouge sans s'affoler parce qu'il a été souvent confronté à cette situation. Or vous venez de dire qu'en cas d'angoisse vous avez tendance à penser à autre chose ou à chercher de la réassurance auprès de votre médecin. Est-ce bien ça ?

— Oui.

— Pensez-vous que cette attitude puisse vous permettre de devenir un pompier chevronné pour vos propres alertes ?

— Je crains que non.

— En continuant la comparaison avec le pompier de garde, à quoi pourrait-on comparer votre comportement face aux sensations déplaisantes de l'anxiété ?

— Lorsque j'essaie de penser à autre chose, c'est comme si le pompier novice regardait la télé pendant son travail, pour ne pas voir le clignotant rouge. Me rassurer auprès de vous ou de mon médecin me fait penser au pompier débutant qui appelle son supérieur en cas d'imprévu.

— Et renoncer à conduire ?

— Alors, ça, c'est comme si je me faisais porter malade chaque fois que je dois être de garde à la caserne des pompiers !

— D'accord, je crois qu'on a bien avancé aujourd'hui, bravo ! Comprenez-vous maintenant mieux pourquoi il est important d'accepter que vous puissiez avoir des réactions physiques indépendantes de votre volonté ? Pour éviter de vous affoler lorsqu'elles se produisent, il faut vous familiariser avec elles, vous y habituer, comme le pompier expérimenté s'est habitué au clignotement rouge. Celui-ci ne déclenche plus chez lui de l'affolement, comme lors de sa première garde, mais un comportement approprié et raisonné : vérifier le bien-fondé de l'alerte et n'envoyer les pompiers qu'en cas d'alerte avérée. C'est le programme qui nous attend au cours des semaines à venir !

Le thérapeute conclut la séance en proposant à Michel des tâches à effectuer à domicile d'ici la prochaine séance afin de consolider ce qui a été entrepris aujourd'hui :

- Écrire sur une feuille de papier ses symptômes physiques.
- Lire et relire la feuille au moins une fois par jour et regarder ces symptômes d'un autre œil que par le passé : ce sont des réactions d'alerte, certes désagréables mais automatiques et non dangereuses !

Michel commence l'habituation aux sensations d'alerte

Le travail de réinterprétation correcte des sensations d'alerte se poursuit au cours des séances suivantes. Mais intéressons-nous maintenant à la manière de s'habituer à ces sensations. Cet aspect du traitement commence dès la seconde séance.

➤ Séance 2

Michel arrive à la séance avec la liste complète des symptômes qui survenaient au volant, avant qu'il renonce à conduire, et qui apparaissent maintenant lorsqu'il ne peut éviter une situation devenue angoissante : tram, queue dans un grand magasin, ascenseur. Ce qui dérange le plus Michel, et même l'effraie, est ce qu'il appelle l'*affolement du cœur : tout d'un coup il se met à battre à toute vitesse, s'emballe, j'ai l'impression que ma poitrine va éclater tant le cœur frappe de grands coups... le cœur pourrait exploser... cela provoque des points douloureux dans la poitrine, dans la région du cœur*. Ce sont ces sensations qui font penser à Michel, sur le moment, qu'il est en train de faire une crise cardiaque. Extrait de l'entretien.

— En fonction de ce que nous avons vu la dernière fois, est-il normal ou anormal que votre cœur puisse tout d'un coup battre à toute vitesse ?

— C'est peut-être normal.

— Qu'est-ce que cela signifierait ?

— Si je vous ai bien compris, cela veut dire que mon corps a détecté un danger et qu'il déclenche l'alerte. L'accélération du cœur fait partie des mesures de mobilisation, puisqu'en cas de danger il faut être en mesure de lutter ou de prendre la fuite... Comme je m'inquiète de ces signes d'alerte, ma peur augmente, ce qui accélère encore le cœur, et ainsi de suite cela peut aller jusqu'à la panique.

— Vous dites : Si je vous ai bien compris. Voulez-vous dire que c'est mon opinion que vous reprenez là, ou c'est la vôtre ?

— Je crois être plus ou moins convaincu...

— Je comprends. Et maintenant, pouvons-nous aller plus loin pour nous convaincre du bien-fondé de ce point de vue ?

— Il faudrait que je puisse m'habituer à ces sensations cardiaques. On verrait alors si vous avez raison, à savoir que ma peur diminue.

— C'est tout à fait ça. Que pouvez-vous faire pour vous habituer à ces sensations ?

— Je ne vois pas, parce que ces sensations je ne peux pas les commander à volonté.

— C'est vrai, mais sont-elles foncièrement différentes de celles que vous ressentez quand votre corps se mobilise pour une autre raison que l'anxiété, par exemple lors d'un effort physique ?

— Si j'y réfléchis, peut-être pas, même si dans ce cas elles me font une tout autre impression !

— Vous interprétez différemment les battements du cœur selon qu'ils sont provoqués par l'angoisse ou par les relations sexuelles ou l'activité sportive. Pourtant il s'agit des mêmes battements. Seule l'interprétation que vous en faites change en fonction du contexte dans lequel ils apparaissent, non ?

— Vous avez raison.

— Conclusion ?

— Je devrais m'habituer à supporter les accélérations des battements cardiaques. Cela m'éviterait d'ajouter à la peur de conduire la peur des battements cardiaques et de partir dans un cercle vicieux infernal.

— C'est cela. Comment faire ?

— Courir !

— D'accord. L'immeuble où nous nous trouvons a six étages. Je vous propose l'exercice suivant. Pour commencer, examinez l'état de votre cœur au repos, maintenant. Prenez votre pouls, c'est-à-dire comptez à votre poignet le nombre de pulsations cardiaques par minute. Après cela mettez-vous à l'écoute de votre cœur. À l'état normal on ne l'entend pas et on ne le sent pas. Vous y êtes ?

— Oui, mon pouls est à 70 par minute, et mon cœur, je ne le sens pas du tout.

— Bien. Maintenant nous allons monter aussi vite que nous pourrons les six étages de l'immeuble. Dès que nous arriverons au dernier étage, vous prendrez à nouveau votre pouls et vous essayerez d'écouter et de sentir votre cœur battre dans votre poitrine. Êtes-vous d'accord de faire cet exercice ?

Arrivé au sommet de l'escalier de l'immeuble, Michel prend son pouls : 110 par minute. Son cœur bat vite et cogne dans la poitrine. Cela lui rappelle un peu ce qu'il a pu ressentir dans les crises d'angoisse. Mais ici il n'a pas peur de faire une crise cardiaque car c'est normal que le cœur batte rapidement quand on fait un effort. Il essaie néanmoins de bien s'imprégner de ces sensations pour les garder en mémoire. Cela sera utile pour les reconnaître sans s'affoler la prochaine fois qu'elles se reproduiront dans une situation angoissante.

Les tâches à domicile convenues à la fin de la séance sont les suivantes :

• Répéter l'exercice pratiqué en séance au moins une fois par jour : provoquer une accélération cardiaque par un effort soudain et soutenu, et se mettre alors à l'écoute du corps afin de s'imprégner de ces sensations et les garder en mémoire.

• Faire le même exercice à domicile puis s'allonger immédiatement à plat ventre sur son lit, la tête posée de côté sur le drap. Le but de cet exercice est de faciliter l'habituation en permettant d'entendre le bruit des battements cardiaques transmis du drap à l'oreille.

➤ Séances 3 à 8

Les exercices cardiaques permettent à Michel de dédramatiser assez rapidement les sensations cardiaques. Le même travail de réinterprétation et d'habituation est pratiqué au cours des séances suivantes pour les autres sensations déplaisantes : respiratoires, musculaires et visuelles. Reportez-vous au deuxième chapitre de l'ouvrage pour une description détaillée des exercices permettant l'habituation aux sensations respiratoires, musculaires et visuelles, et la manière de les contrôler.

Lors des exercices respiratoires, Michel constate avec étonnement que plusieurs des sensations physiques angoissantes qu'il considérait jusqu'ici comme incompréhensibles sont tout simplement dues à une mauvaise respiration. Il arrive en effet par ces exercices à provoquer et à faire disparaître à volonté les sensations suivantes : vertiges, chaleur, faiblesse dans les jambes, oppression. De ce fait, ces sensations sont moins mystérieuses, moins incompréhensibles et moins angoissantes. En ce qui concerne l'oppression, le sentiment de manquer d'air, les exercices respiratoires lui permettent de prendre conscience que ses craintes sont infondées. Ces sensations sont dues en réalité à un excès d'air par hyperventilation et non pas à un manque d'air. Comme l'impression d'être enfermé repose en grande partie sur la sensation de suffoquer, cette impression se trouve diminuée.

> Vous ne manquez pas d'air, vous en prenez trop !

Michel apprivoise ses scénarios catastrophe

Le scénario catastrophe de Michel, poussé à ses développements extrêmes par la technique de la flèche descendante, se présente ainsi :

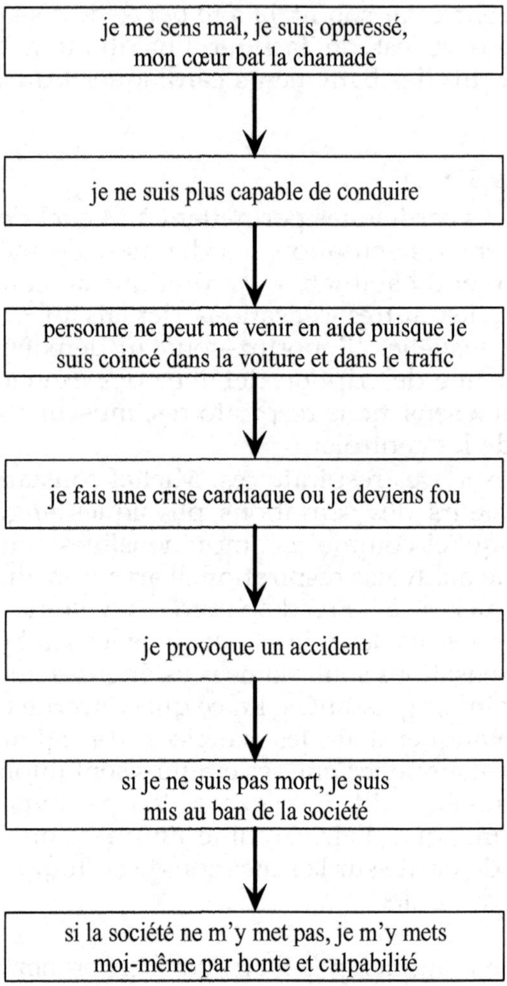

Les premières étapes du scénario sont basées sur la perception de sensations physiques déplaisantes. Le début du traitement ayant été consacré à la réinterprétation de ces sensations et à leur habituation, celles-ci sont émoussées et le scénario perd de sa force et de sa crédibilité. De ce fait, l'immersion dans le scénario est facilitée et l'habituation aux pensées catastrophiques se produit plus rapidement.

Michel reprend le volant

La dernière et la plus importante phase du traitement consiste à reprendre le volant et à s'exposer progressivement à la conduite dans les contextes évités auparavant. Pour Michel il s'agit de tous les contextes, puisqu'il ne conduit plus du tout. Reportez-vous au premier chapitre de l'ouvrage pour un rappel des règles à respecter pour que l'exposition soit efficace et ne provoque pas une augmentation de la peur.

D'entente avec le thérapeute, Michel établit une liste des situations évitées, classées par ordre croissant de difficulté (figure). Comme il a complètement renoncé à l'usage de sa voiture depuis plus d'un an, le premier palier de la hiérarchie consiste à reprendre place au volant de la voiture. Le dernier palier de la hiérarchie, autrement dit l'objectif ultime que Michel souhaite atteindre est d'être capable de circuler librement et seul, aussi bien dans les rues étroites et fréquentées du centre-ville que sur l'autoroute. Les échelons de la hiérarchie établie par Michel sont exposés dans le tableau de la page suivante.

La première séance d'exposition (séance 13 du traitement) se déroule dans la voiture de Michel, parquée sur un parking de plein air situé à proximité de son domicile. Michel et le thérapeute se donnent rendez-vous sur le parking en question. Ils commencent par se mettre d'accord sur l'objectif de la séance : Michel se mettra au volant de sa voiture sans rouler. Le thérapeute invite Michel à pratiquer tout au long de la séance le contrôle respiratoire par la respiration nez-ventre en carré, et le contrôle visuel par la défocalisation entrecoupée de quelques brèves focalisations. Ils entrent dans la voiture, Michel à la place du conducteur. Il

LISTE DES OBJECTIFS DE MICHEL

— M'asseoir au volant de ma voiture, à l'arrêt.
— Effectuer un parcage dans un endroit pas trop fréquenté.
— Rouler quelques minutes sur une route de campagne.
— Me rendre d'un village de campagne à mon domicile.
— Me rendre de mon domicile (en banlieue) au centre-ville un dimanche matin (trafic peu important).
— Idem mais samedi matin (trafic plus important).
— Rouler au centre-ville un après-midi de semaine, sans emprunter ni ponts ni tunnels.
— Idem mais en empruntant un pont.
— Idem mais en empruntant un pont et un tunnel.
— Emprunter l'autoroute et sortir à la première sortie (10 km).
— Idem mais parcourir 20 km.
— Idem mais parcourir 60 km.
— Rouler dans les rues les plus étroites du centre-ville vendredi en fin d'après-midi (trafic maximal).

n'est pas très rassuré, mais l'anxiété est très modérée. Le thérapeute prend place à ses côtés et vérifie que Michel contrôle sa respiration en respirant par le nez. Il lui propose ensuite de faire des exercices visuels de défocalisation longue-focalisation brève et de pétrissages du volant. Enfin, d'entente avec le thérapeute, Michel met en route le moteur de la voiture, tout en laissant le levier de vitesse au point mort. Cela provoque un peu d'anxiété, d'intensité très modérée. Les exercices de contrôle physique sont répétés. Après cette première séquence, qui dure une quinzaine de minutes, le thérapeute propose à Michel de sortir de la voiture et de le laisser seul pour refaire exactement ce qu'il a fait en présence du thérapeute. Michel accepte la proposition et le thérapeute s'éloigne un peu. Lorsqu'il retrouve Michel, celui-ci déclare qu'il n'a éprouvé aucune difficulté à rester seul au volant, moteur en marche, en utilisant les outils antipanique. Au vu de cette bonne expérience, Michel suggère de passer d'ores et déjà à la deuxième étape de la hiérarchie : déplacer le véhicule de quelques mètres pour effectuer un parcage. Celui-ci se déroule sans problème. Michel signale seulement un petit pincement au cœur au moment du démarrage de la voiture, mais cette sensation désagréable disparaît presque instantanément. La manœuvre est répétée plusieurs fois, d'abord avec le thérapeute assis à côté de Michel, puis sans sa présence. Ils se séparent après avoir convenu de la tâche à domicile : répéter chaque jour l'exercice de parcage, mais seul.

➤ Séance 14

Le thérapeute retrouve Michel sur le parking. Les exercices quotidiens se sont passés sans encombre et l'anxiété a totalement disparu pendant les manœuvres de parcage. Michel se déclare prêt à aborder le palier n° 3 : accomplir un trajet sur une route de campagne peu fréquentée. Ils se mettent d'accord sur le tronçon à effectuer et s'y rendent avec la voiture de Michel, le thérapeute conduisant jusqu'à la destination convenue, un village peu fréquenté. Là, le thérapeute et Michel échangent leurs places. Michel s'assied à la place du conducteur et passe en revue la liste des manœuvres antipanique :

- respiration nez-ventre en carré,
- défocalisation visuelle,
- pétrissage du volant.

Ensuite il démarre avec une certaine anxiété, qu'il évalue à 4 (intensité moyenne). Il ressent un peu d'oppression respiratoire et de tension dans les bras. Le thérapeute rappelle à Michel la technique de la respiration nasale car il observe que sa bouche est ouverte. Au bout de quelques minutes, Michel signale que ça va mieux, qu'il commence à s'habituer. Le thérapeute lui fait alors remarquer que l'atténuation de la peur est provoquée par l'habituation, non par l'échappement ou l'évitement de la situation. L'anxiété remonte un peu lorsqu'ils croisent en route un camion puis deux voitures consécutivement. Le stress se traduit dans le comportement de Michel par un ralentissement un peu excessif, mais sans à-coup de conduite. Après une dizaine de minutes, ils arrivent au village considéré comme le but de l'excursion. Michel se dit très satisfait de l'expérience, même s'il se sent un peu épuisé à force de s'être concentré. Il a chaud un peu partout et les mains moites. Le thérapeute propose de faire une pause au café du village, pour un compte rendu et un bilan de l'opération. Il en ressort que dans l'ensemble Michel s'en tire bien : subjectivement l'anxiété est demeurée à un niveau supportable et objectivement la conduite est satisfaisante, à part le ralentissement mentionné au moment du croisement des véhicules venant en sens inverse. Michel prend conscience que le sentiment d'être enfermé est relatif et qu'il peut rester dans la situation et voir son malaise diminuer, contrairement à ce qu'il imaginait. Jusqu'à la prochaine séance, la tâche sera de refaire ce qui a été fait dans la séance : Michel va s'efforcer de conduire sur des petites routes accompagné de son frère, qui s'est déclaré disponible.

> L'exposition provoque une atténuation de l'anxiété plus durable que l'évitement ou l'échappement.

➤ Séance 15

Le thérapeute retrouve Michel sur le parking. Celui-ci raconte qu'il a conduit presque tous les jours sur de petites routes. Les deux premiers jours, son frère était assis à côté de lui. Comme tout se passait bien ils ont décidé que le frère suivrait Michel avec sa voiture, de près d'abord puis à distance. Enfin, les deux jours précédant la séance, Michel a souhaité rouler seul, sans être chaperonné par son frère. Il a éprouvé une certaine appréhension au départ, avec une tension d'intensité moyenne pendant le trajet, mais l'anxiété est restée à un niveau supportable, surtout grâce à la respiration en carré. La séance est consacrée à consolider l'acquis, la conduite sur des routes de campagne peu fréquentées en étant seul dans la voiture.

➤ Séance 16

Une semaine plus tard, Michel déclare que maintenant il peut conduire seul sur des routes de campagne presque sans anxiété. Ce palier étant atteint, Michel et le thérapeute appliquent la même méthode pour franchir les paliers suivants de la hiérarchie : entrer dans la ville sans gagner le centre, puis circuler au centre-ville, emprunter les ponts et les tunnels, et finalement l'autoroute. Ils décident également d'espacer les séances, ce qui donne plus de temps à Michel pour s'entraîner et lui donne davantage de responsabilité dans le traitement.

➤ **Séances 17 à 23**

Elles sont consacrées à franchir les derniers paliers de la hiérarchie. La même méthode que celle qui a été utilisée précédemment est appliquée. Chaque séance suit le même déroulement. Pour commencer Michel et le thérapeute se mettent d'accord sur un objectif concret pour la séance, par exemple traverser le pont principal de la ville, très fréquenté. Michel se met ensuite au volant et roule de manière à viser l'objectif, d'abord avec le thérapeute à ses côtés, puis seul. Ils s'arrêtent un moment pour dresser le bilan de l'expérience, au calme. Enfin ils se mettent d'accord sur les tâches à effectuer jusqu'à la prochaine séance. En principe la tâche consiste à refaire seul ce qui a été fait en séance. En cas de désaccord, c'est toujours Michel qui a le dernier mot sur ce qu'il souhaite faire, dans les séances comme entre les séances !

Vers la fin du traitement, Michel signale une montée de l'anxiété lorsqu'il reste immobilisé au volant de sa voiture pendant plusieurs minutes dans une rue étroite du centre-ville engorgée par les véhicules des livreurs de marchandises. Les manifestations respiratoires prédominent : oppression de la poitrine et impression de manque d'air. Le contrôle respiratoire (se concentrer sur la respiration par le nez et par le ventre) s'avère indispensable et efficace pour empêcher que l'anxiété dégénère en panique. Cette expérience, si désagréable qu'elle soit, a l'avantage de convaincre Michel qu'il a réellement les moyens de contrôler la panique.

Bilan du traitement

Le traitement suivi par Michel a compris au total 22 séances thérapeutiques étalées sur près d'un an, auxquelles s'ajoute le travail personnel effectué par Michel entre les séances. Il s'agit d'un traitement conséquent et coûteux, aussi bien en argent qu'en efforts. Néanmoins, le bilan s'avère réjouissant à la fin du compte. Michel a repris le volant et il est capable, au moment où le traitement prend fin, d'utiliser sa voiture pour se rendre à son travail lorsque celui-ci exige des déplacements d'une certaine durée. Les autres jours il prend son scooter, moins encombrant. Les relations avec les collègues et les supérieurs se sont améliorées, et Michel envisage sereinement une promotion professionnelle qui l'obligerait à effectuer de fréquents déplacements. Il utilise sa voiture pour les loisirs et les vacances, y compris pour des trajets comprenant des segments d'autoroute. Son moral est remonté. Son amie apprécie de pouvoir à nouveau goûter aux joies du cinéma, car il faut relever que la claustrophobie concernant les lieux publics s'est également améliorée grâce au travail thérapeutique sur la peur de conduire. Il persiste néanmoins toujours, au moment où le traitement se termine, une certaine appréhension lorsque Michel sait qu'il va devoir traverser un pont ou un tunnel, ou risque d'être bloqué dans des bouchons, ou lorsqu'il ne connaît pas le trajet à parcourir. Néanmoins cette appréhension reste à un niveau supportable, diminue en cours de route et surtout n'oblige pas Michel à éviter ces situations comme auparavant. Une séance d'évaluation et de prise de congé six mois après la séance 22 montre que l'effet bénéfique se maintient et même augmente puisque l'appréhension relevée précédemment est en diminution.

L'ESSENTIEL À RETENIR

— La peur de se sentir enfermé commence souvent par une panique au volant.
— Attention à l'engrenage de l'évitement.
— Apprenez à maîtriser la panique.
— Ensuite exposez-vous régulièrement et progressivement.

La peur du vide

L'histoire de Nicole

Nicole a 45 ans, elle est divorcée et vit avec ses deux garçons de 21 et 17 ans, tous deux étudiants. Elle est infirmière dans un centre de soins ambulatoires de la ville, où elle se rend quotidiennement par les transports publics. Sa peur de conduire concerne avant tout les ponts et les viaducs et toutes les routes bordant du vide : routes de montagne, routes longeant des coteaux, ponts longs ou élevés. Elle redoute également les routes où la vue est plongeante et les segments d'autoroute où il y a du vide autour et devant. Dès qu'elle sait qu'un trajet comporte un pont d'une certaine longueur ou d'une certaine hauteur, elle utilise tous les stratagèmes et prétextes possibles pour l'éviter. La tombée du jour et la nuit sont des facteurs aggravants. Si elle est accompagnée, la situation est plus facile. Un facteur très limitant dans la vie de Nicole est qu'elle évite systématiquement tout trajet qu'elle ne connaît pas, pour ne pas être confrontée par surprise à une difficulté insurmontable. Même dans sa ville elle emprunte toujours les mêmes trajets et se sent mal à l'aise si elle sort des sentiers battus. Sa liberté de déplacement est donc singulièrement limitée.

La peur remonte à une quinzaine d'années mais n'est devenue réellement problématique qu'il y a quelques mois, lorsqu'une réorganisation des structures de soins l'a confrontée à la nécessité de se déplacer hors de la ville pour assurer une permanence, une à trois fois par semaine, dans un dispensaire situé dans une petite localité périphérique, à une trentaine de kilomètres de son domicile. La route menant à cette localité emprunte un pont relativement élevé que Nicole évite depuis plusieurs années. Il existe bien une autre route, une route secondaire passant par le fond de la vallée, mais le trajet est bien plus long car cette route traverse plusieurs localités. Le déplacement en train prend beaucoup de temps également car la gare est éloignée du lieu de travail principal de Nicole. Pour le moment, Nicole a obtenu un sursis de sa hiérarchie en expliquant qu'il lui était difficile de se déplacer. Mais le problème doit être rediscuté dans les mois à venir. Sa responsable laisse entendre à Nicole que si elle n'est pas disposée à s'adapter à la nouvelle structure de soins elle risque d'être mise en demeure soit de reprendre une activité hospitalière, ce dont Nicole n'a aucune envie, soit de partir. C'est le handicap dans sa vie professionnelle qui motive la consultation.

Nicole a passé son permis de conduire à 18 ans et a roulé sans problème pendant plusieurs années. C'est vers la trentaine que commencent les difficultés. Celles-ci se manifestent au début par un malaise mal défini, pas très intense mais insistant, survenant lorsque Nicole roule en longeant un espace vide : route longeant un coteau, pont d'une certaine longueur, route de montagne, ou dans tout endroit isolé. Nicole ressent dans toutes ces situations, et surtout si elle se trouve seule, un sentiment vague d'insécurité, de peur sans raison. Elle a parfois l'impression angoissante qu'elle pourrait être attirée par le vide ou s'envoler, être emportée dans les airs par une force incontrôlable. Elle n'a jamais aimé les hauteurs mais jusqu'au début des troubles cela n'a pas occasionné de gêne réelle dans sa vie. Lorsque les malaises commencent, Nicole ne leur prête guère d'attention, car elle est assez occupée, entre les travaux du ménage, les enfants et la charge professionnelle, pour ne pas avoir beaucoup d'occasions de conduire seule dans des endroits élevés ou isolés. De plus, comme le couple n'a qu'une voiture, elle effectue la plupart de ses déplacements avec les transports publics ou accompagnée de son mari. Le problème devient plus significatif après son divorce, il y a cinq ans. Elle se rend compte alors qu'elle n'aime vraiment pas se trouver seule dans des endroits étendus et vides, y compris au volant. Le problème s'est élargi imperceptiblement. Il se manifeste sur les routes situées en rase campagne, sur les tronçons d'autoroute surplombant un lac ou une plaine, sur les ponts et les viaducs, et la nuit quel que soit l'endroit.

Un jour, alors qu'elle aborde un pont en se rendant par l'autoroute chez sa sœur, habitant à une soixantaine de kilomètres, elle ressent le malaise habituel, mais plus intense, accompagné de transpiration des mains, d'une sensation de vertige et de légèreté anormale, et de l'impression de perdre le contrôle. Nicole décide alors de quitter l'autoroute à la prochaine sortie, et de finir, non sans mal, le trajet par la route normale. Elle ne reprend pas l'autoroute pour le trajet du retour, et c'est à partir de cet épisode que l'évitement se généralise et devient handicapant. Elle consulte à cette époque un psychothérapeute en raison des problèmes de couple. La psychothérapie analytique qu'elle suit pendant deux ans l'aide à mieux faire face à la situation conjugale mais reste sans effet sur la peur du vide et de la conduite.

En résumé, la peur de conduire de Nicole est liée à une peur des espaces vides et des endroits isolés ou inconnus. Nicole s'est accommodée pendant plusieurs années de ce problème, au prix d'importantes restrictions de ses déplacements et de son indépendance. Elle a accepté ce lourd tribut tant que les limitations ont concerné la seule vie privée. Lorsqu'un changement professionnel la confronte à choisir entre surmonter la peur ou risquer de perdre un emploi qu'elle apprécie, elle se trouve devant un dilemme difficile à résoudre. C'est ce qui la motive à consulter.

Les sensations physiques de la peur chez Nicole

Dans les grandes lignes, les sensations déplaisantes et inquiétantes provoquées par la peur sont les mêmes chez Nicole que celles que nous avons mentionnées précédemment chez Michel, à une différence près. C'est la notion de vertige qui prédomine et l'inquiète au premier chef :

— *J'ai ressenti une chose étrange quand je me suis sentie très mal sur le pont. Je m'en souviens très bien, car cette sensation est souvent revenue. J'allais rendre visite à ma sœur à M. Je roulais sur l'autoroute et venais de m'engager sur le pont de la P., avec un peu d'appréhension parce que les ponts me posaient problème depuis un bout de temps, mais ce pont je l'avais traversé souvent sans problème. Mais ce jour-là il m'a paru interminable. J'étais seule dans la voiture. Dès que je me suis engagée sur le pont, j'ai eu l'impression que mes jambes et mes bras flottaient, échappaient à mon contrôle... Très vite j'ai eu très chaud partout, je me suis mise à transpirer partout, les mains étaient moites... Et surtout, ce qui m'a le plus effrayée, c'est que j'avais l'impression que ma tête tournait, vacillait, que ma vision n'était plus très nette... j'étais comme attirée par le vide que je sentais plus que je ne le voyais, tout à côté de moi, derrière le parapet... Tout allait très vite dans ma tête... Je me disais : Mais qu'est-ce qui m'arrive, je deviens folle ou je fais une attaque ? Je ne peux plus conduire dans cet état... Mais si je m'arrête je suis perdue, je serai incapable de repartir... Tout en ayant ces idées qui se bousculaient en désordre et à toute vitesse dans ma tête, je me cramponnais au volant pour ne pas être arrachée de la voiture tellement je me sentais légère ! Je crois que ma plus grande crainte était non pas de basculer dans le vide mais d'être arrachée à la terre et soulevée au-dessus du vide, de m'envoler... C'était étrange et effrayant comme sensation... J'avais déjà eu cette sensation de légèreté anormale en pleine nature en cas de vent, ou parfois sur la terrasse de mon immeuble, mais pas à ce point !*

— Pendant cet épisode, avez-vous remarqué quelque chose de spécial du point de vue visuel ?

— Je crois me souvenir qu'au moment où je m'engageais sur le pont j'ai eu l'impression que l'autre extrémité du pont, celle vers laquelle je me dirigeais, était à une distance infinie... J'avais l'impression que je n'y arriverais jamais... Et j'ai été tout d'un coup comme hypnotisée par la vision du vide sur le côté du pont.

— La vision du vide ?

— Je crois que je regardais comme obnubilée la barrière du pont, et au-dessus je ne voyais rien si ce n'est le ciel... Pour moi c'était le vide.

— Vous voulez dire qu'effrayée par la longueur de la distance à franchir sur le pont vous vous êtes mise à regarder la barrière du pont, à votre droite ?

— Il me semble, oui, le dessus du parapet qui défilait, et c'est à ce moment que le vertige et la vision troublée ont commencé.

Comment traiter la peur du vide au volant ?

Comme on l'a déjà vu, le traitement de la peur de conduire comprend deux phases :

- Acquérir les outils permettant de maîtriser la panique.
- S'exposer méthodiquement aux situations évitées.

La capacité de maîtriser et de prévenir la panique se base sur trois éléments :

- Interpréter correctement les sensations physiques d'alerte.
- S'habituer à ces sensations et les contrôler méthodiquement.
- Apprivoiser les scénarios catastrophe.

La première partie du traitement de Nicole est consacrée à la maîtrise des sensations physiques par l'exposition délibérée à ces sensations, et au contrôle de celles qui sont contrôlables. Nous ne reprendrons pas le détail de ce traitement, qui est dans les grandes lignes superposable à ce qui a été décrit dans le paragraphe précédent sur la peur d'être enfermé. Sauf sur le point du vertige et de la légèreté anormale.

Qu'est-ce que le vertige et quel rapport avec la peur ?

La notion de vertige est peu claire pour la plupart des gens et reste mal définie même pour les médecins. On la rencontre fréquemment associée à la peur et à la panique. Sans vouloir trop entrer dans les détails, il est utile d'avoir quelques notions sur les mécanismes qui peuvent produire la sensation vertigineuse, car le traitement en découle.

On appelle vertige une perturbation de la sensation que nous avons de la position de notre corps dans l'espace. Le sens de la position et de l'équilibre de notre corps est essentiel pour nous orienter et nous permettre d'assumer les fonctions essentielles : marcher, se déplacer, se nourrir, fournir un travail, etc. Toute perturbation de ce sens, autrement dit le vertige, représente un grand handicap dans la vie quotidienne. On comprend donc que le vertige fasse peur. Ce qui complique l'interprétation des sensations vertigineuses, c'est que la peur peut aussi provoquer des vertiges. Un survol rapide des fonctions physiques impliquées dans le vertige nous conduira aux exercices recommandés à Nicole en tant qu'outils antipanique.

La vue nous apporte des informations primordiales sur notre position dans l'espace. Toute perturbation visuelle peut contribuer au vertige. Or nous avons appris dans le deuxième chapitre de cet ouvrage que l'hyperfocalisation visuelle due à la peur modifie et trouble la vision. Dans son récit, Nicole décrit un regard d'abord fixé sur l'extrémité du pont puis sur le parapet défilant à toute allure à son côté. Cela a dû très vite lui donner le tournis et augmenter sa peur. Sans parler de la dimension psychologique : lorsqu'on regarde de manière fascinée le danger, celui-ci devient omniprésent dans notre esprit, il n'y a plus d'attention que pour lui. Si cette hypothèse est juste, l'apprentissage de la défocalisation devrait être très utile à Nicole.

Les muscles jouent également un rôle dans le vertige. Ce sont eux qui assurent notre position et nos déplacements dans l'espace. Les modifications du tonus musculaire provoquées par la peur modifient le sens de l'équilibre et contribuent au vertige. Les exercices musculaires ont donc toute leur place dans le traitement de Nicole.

De manière peut-être surprenante pour certains d'entre vous, la respiration joue aussi un rôle dans le vertige. Comme nous avons vu dans le chapitre consacré à la respiration, l'hyperventilation provoque des vertiges et le contrôle respiratoire diminue efficacement la part du vertige imputable à une respiration inadéquate.

Enfin, l'organe de contrôle de l'équilibre, l'appareil vestibulaire situé dans l'oreille interne, est souvent hypersensible chez les personnes anxieuses. Des exercices seront proposés à Nicole pour désensibiliser son système vestibulaire afin qu'il réagisse de manière moins vive à la moindre stimulation.

Le déroulement du traitement de Nicole

Il comporte au total 17 séances et utilise la même méthode que celui de Michel :

- contrôle des sensations physiques déplaisantes,
- familiarisation avec les scénarios catastrophe.
- exposition progressive et méthodique aux situations évitées.

Nous n'évoquerons ici que deux aspects du traitement : le contrôle des sensations de vertige et l'exposition progressive au vide. Les autres aspects du traitement de Nicole ressemblent à celui de Michel et de sa peur d'être enfermé, traitée au chapitre précédent.

La dimension visuelle

Nicole, on l'a vu dans son récit de l'épisode de panique survenu sur le pont, focalise trop. C'est une réaction d'alerte involontaire donc inévitable. Il est néanmoins possible de diminuer les répercussions négatives de l'hyperfocalisation en s'entraînant à hyperfocaliser pour s'habituer aux sensations produites, puis à défocaliser et garder le contrôle de son champ visuel. Reportez-vous au deuxième chapitre de cet ouvrage pour obtenir des détails sur la technique de focalisation et de défocalisation visuelle.

Une fois la technique de focalisation-défocalisation acquise grâce à ces exercices, le thérapeute propose à Nicole de les appliquer en voiture. L'habituation déjà amorcée par les exercices préparatoires est complétée par des exercices de focalisation pratiqués lorsque Nicole est passagère. Lorsque c'est elle qui conduit, la consigne est de rester en vision défocalisée la plupart du temps. Cela consiste à laisser le regard flotter en avant et au loin de manière légèrement floue et de focaliser seulement brièvement de manière intermittente. Mais il faut alors jeter un coup d'œil sur des objets utiles pour la conduite et pour la sécurité : autres véhicules, piétons et cyclistes, indicateur de vitesse, rétroviseurs, panneaux indicateurs, feux de signalisation. Évitez en revanche d'être hypnotisé par l'avant de votre voiture ou le bord de la route, du tunnel ou du pont. Enfin, regardez, dans la mesure du possible, uniquement devant vous et à l'horizontale. Les mouvements du regard et de la tête vers le bas ou vers le haut provoquent des vertiges chez les sujets sensibles. Il en va de même pour les mouvements latéraux, dans une moindre mesure.

> Regardez vers l'avant en laissant le regard flotter vers l'infini et dans un certain flou. De temps en temps, jetez un coup d'œil sur des éléments significatifs.

La dimension musculaire

Nicole est encouragée à prendre l'habitude de faire de brefs pétrissages du volant lorsque la conduite le permet. Comme Nicole a peur d'être trop légère et d'être emportée si elle ne se cramponne pas au volant, l'accent est mis sur la décontraction musculaire davantage que sur la contraction, pour que Nicole accepte de se laisser aller à la sensation de ne pas contrôler son attachement à la terre. Pour simuler la sensation inhabituelle de légèreté, le thérapeute suggère à Nicole de recourir au milieu aquatique, qui divise par dix le poids du corps. L'exercice consiste à se laisser flotter dans sa baignoire et imaginer être portée non par l'eau mais par l'air, sans être retenue ni tenue.

La dimension respiratoire

Grâce aux exercices respiratoires, Nicole est amenée peu à peu à reconnaître les sensations vertigineuses provoquées par l'hyperventilation, et à ne plus en avoir peur. Elle apprend à les prévenir et à les dissiper par la technique de la respiration en carré par le nez et par le ventre.

La dimension vestibulaire

En raison de la sensation de légèreté anormale ressentie par Nicole face au vide, le thérapeute lui propose de trouver des moyens de provoquer cette sensation, par un exercice d'imagination : imaginer qu'elle est une plume soulevée par le vent, ou faite d'air comme un ballon d'enfant. L'exercice aquatique mentionné plus haut est élargi à la pratique de mouvements dans l'eau, en baignoire et en piscine : roulis, tangage, culbutes pour s'habituer à perdre les repères habituels sans paniquer. Les personnes anxieuses ont souvent un système vestibulaire trop sensible. Cela se traduit par le fait qu'elles supportent mal les changements de position imprévus ou brusques, détestent les carrousels et autres divertissements de foire dans lesquels on est entraîné dans des mouvements incontrôlables. Nicole est dans ce cas. Elle n'a jamais aimé les carrousels ni les culbutes. Le thérapeute lui propose des exercices pour habituer son système vestibulaire à ne pas réagir excessivement par une sensation vertigineuse à la moindre sollicitation. Ces exercices sont les suivants :

- En position assise, tourner la tête de côté à droite puis à gauche, et recommencer en accélérant le rythme jusqu'à provoquer un début de sensation vertigineuse. Arrêter alors le mouvement, puis recommencer. Au bout de quelques jours, Nicole constate que la sensation vertigineuse met plus de temps à apparaître et que son intensité diminue.
- Même exercice mais en effectuant des mouvements verticaux de la tête, puis circulaires.

- En étant assise sur le bord du lit, se laisser tomber en arrière sur le lit. Recommencer l'exercice plusieurs fois pour faire l'expérience de l'habituation.
- Se rouler latéralement sur le sol.
- Culbutes en avant et en arrière.
- Utiliser les carrousels et les balançoires des places de jeux.

Nicole ayant des neveux de 5 et 7 ans, le thérapeute l'invite à donner un côté ludique aux exercices en proposant à ses neveux de jouer avec elle à rouler, faire des culbutes et jouer sur les carrousels des places de jeux. Au début, Nicole est horrifiée à cette idée mais finit par y trouver si ce n'est du plaisir personnel du moins un intérêt et le plaisir d'amuser ses neveux.

Nicole s'expose au vide

Dans la dernière phase du traitement, il s'agit pour Nicole de s'exposer en conduisant dans les endroits qu'elle redoute, ce qui doit lui permettre de retrouver sa liberté de mouvement et son indépendance. Nicole espère surtout être en mesure de traverser le pont qu'elle devrait emprunter pour se rendre au dispensaire situé en périphérie et nouvellement inclus dans son cahier des charges. Étant donné l'importance de la peur du vide dans la peur de conduire de Nicole, le traitement sera ciblé essentiellement sur la peur du vide. Le thérapeute propose à Nicole de procéder en deux temps : commencer par l'exposition au vide hors de la conduite puis transférer l'acquis à la conduite automobile. La hiérarchie des situations difficiles établies par Nicole avec la collaboration du thérapeute est présentée dans le tableau de la page suivante.

Le premier palier de la hiérarchie est abordé au domicile de Nicole. La séance commence par un rappel des techniques anti-panique : respiration en carré nez-ventre et regard loin devant soi et à l'horizontale, légèrement flou. Tout en pratiquant ces consignes, Nicole ouvre la fenêtre puis, non sans hésitation, avance légèrement sa tête et le haut du corps hors de la fenêtre pour regarder les alentours. Pendant un bref instant elle a l'impression d'avoir le souffle coupé et d'être prise de vertige. Le paysage vacille autour d'elle, elle éprouve la sensation bien connue de légèreté inquiétante, et a

LISTE DES OBJECTIFS DE NICOLE

— Me pencher à la fenêtre de mon appartement.
— Regarder la vue à travers la fenêtre d'un immeuble de 10 étages.
— Regarder la même vue de la terrasse ouverte de l'immeuble.
— Franchir à pied une passerelle de bois tendue au-dessus d'une rivière traversant un quartier de la ville.
— Franchir à pied un pont traversant le fleuve de la ville et réservé aux piétons.
— Franchir à pied un pont parallèle au précédent et plus long que ce dernier, comprenant à la fois le trafic automobile (très dense) et un passage pour les piétons.
— Traverser le pont où j'ai paniqué mais en tant que passagère et non conductrice.
— Traverser le pont que je devrais emprunter pour me rendre à mon travail mais en tant que passagère et non conductrice.
— Longer la rive du fleuve en voiture, en conduisant.
— Franchir le pont du palier 6 en voiture.
— Rouler sur un tronçon d'autoroute sans pont.
— Rouler sur le segment d'autoroute incluant le pont où j'ai paniqué, au volant.
— Traverser le pont que je devrais emprunter pour me rendre à mon travail en conduisant mais accompagnée.
— Idem mais seule.

l'impression qu'elle pourrait s'envoler. Elle esquisse le mouvement de saisir le bord de la fenêtre. Le thérapeute lui suggère alors d'ajouter plutôt aux techniques respiratoires et visuelles le pétrissage (contractions et décontractions des poings), avec la consigne de se laisser aller à la décontraction et au relâchement après les contractions, sans se tenir au mur. L'idée est de tester l'hypothèse selon laquelle elle pourrait s'envoler si elle ne s'agrippe pas au bord de la fenêtre. Mais rien ne se passe, au contraire le malaise se dissipe au bout d'un moment. Très vite Nicole s'habitue à la sensation visuelle large et un peu floue donnée par la vision à l'infini. La respiration en carré dissipe la sensation d'oppression dans la poitrine. Fière d'elle, Nicole contemple le paysage environnant en continuant à respirer par le nez et par le ventre, et en balayant l'horizon uniquement par un mouvement latéral et lent de la tête, sans regarder vers le bas ni vers le haut, ni se tenir à quoi que ce soit. Il persiste une certaine peur, mais tout à fait supportable. Après deux minutes environ, Nicole se retire de la fenêtre pour faire le bilan de l'expérience avec le thérapeute. Il est satisfaisant puisque Nicole a pu s'exposer au premier palier de vide, et avec un degré de peur tout à fait supportable. L'exercice est répété plusieurs fois pendant la séance, pendant des durées de plus en plus longues. La tâche convenue pour les jours suivants est de répéter le même exercice chez elle, sans la présence du thérapeute.

Affronter les ponts !

Les paliers successifs sont franchis avec succès par Nicole, jusqu'au palier 10 y compris : franchir au volant un pont fréquenté de la ville. Arrivée au palier 11, soit tronçon d'autoroute sans pont, Nicole se bloque. Elle explique qu'elle a consenti beaucoup d'efforts pour le traitement, qu'elle est satisfaite du résultat obtenu jusqu'à maintenant puisqu'elle a beaucoup moins peur du vide et peut l'affronter dans certaines situations. Toutefois, le palier suivant, l'autoroute, même sans pont, lui semble inatteignable. Elle préfère donc arrêter le traitement à ce stade plutôt que de continuer à fournir des efforts qui seraient au-dessus de ses forces. Tout en respectant le souhait de Nicole, le thérapeute cherche à déceler les facteurs de blocage. En vain. Il propose néanmoins à Nicole de prendre encore une séance pour se rendre ensemble sur le pont que Nicole devrait traverser pour son travail, et qui est l'objectif essentiel du traitement. Nicole accepte pour autant que ce soit le thérapeute qui conduise. Arrivés à proximité du pont, ils arrêtent la voiture et se rendent à pied sur le pont. Nicole est un peu surprise car elle trouve le pont moins impressionnant que le souvenir qu'elle en gardait pour l'avoir emprunté une seule fois. Le thérapeute demande à Nicole si elle se sent capable de traverser un bout du pont à pied, en sa compagnie. Elle accepte. Ils font une brève répétition des techniques antipanique et Nicole parvient à traverser tout le pont avec un degré d'anxiété moyenne, en plusieurs étapes entrecoupées de pauses. De retour sur l'autre rive, Nicole se dit qu'il vaudrait la peine d'essayer de continuer sur la lancée, et propose au thérapeute de retraverser le pont, mais cette fois seule, le thérapeute suivant à une courte distance. Ainsi dit, ainsi fait. Après la seconde traversée, Nicole propose au thérapeute un compromis par rapport à l'objectif thérapeutique initial : prévoir encore deux ou trois séances thérapeutiques, et les consacrer uniquement à la traversée de ce pont : *Si je réussis à le passer en voiture, j'aurai atteint mon but essentiel. Sinon tant pis, j'aurai progressé, mais pas autant que j'aurais souhaité, et j'envisagerai d'orienter ma vie professionnelle différemment*. Avant de se séparer, ils conviennent de la tâche pour les jours suivants : venir sur le pont accompagnée d'un fils ou de sa sœur, et le traverser à pied seule, l'accompagnant suivant à distance, à pied également. La séance suivante, Nicole et le thérapeute se déplacent à nouveau sur le pont, mais cette fois ils sont venus séparément, ce qui signifie que Nicole est venue seule avec sa voiture. Nicole déclare au thérapeute qu'elle est venue sur le pont deux fois depuis la dernière séance, et qu'elle l'a traversé à pied, aller et retour, les deux fois. Elle l'a en outre traversé deux fois en voiture, comme passagère. Le thérapeute demande à Nicole si elle se sent motivée pour le traverser au volant de la voiture, aujourd'hui. Nicole répond par l'affirmative mais en demandant que le thérapeute prenne place à ses côtés.

Nicole se met au volant et engage la voiture sur le pont en pratiquant sans discontinuer la respiration nez-ventre, le pétrissage du volant et en gardant sa vision devant elle au loin, un peu floue. La peur est assez forte mais supportable. Nicole roule lentement mais se dit surprise lorsqu'ils parviennent de l'autre côté du pont, trouvant que la traversée a été plus rapide que prévu. Nicole aborde la traversée dans l'autre sens avec une nouvelle montée d'appréhension, mais constate que cela se passe mieux qu'elle ne craignait. Ils font une deuxième traversée ensemble, aller et retour, qui se passe assez bien selon Nicole. Elle décide alors de faire la traversée seule, le thérapeute la suivant immédiatement avec sa voiture. La tentative est un succès, que Nicole fête en appelant immédiatement sa sœur et l'un de ses fils pour leur annoncer la bonne nouvelle.

Malgré cette réussite, Nicole décide d'arrêter le traitement à ce stade, très contente de pouvoir envisager maintenant de se déplacer jusqu'au dispensaire périphérique. Un bilan effectué par téléphone six mois après la fin du traitement apprend au thérapeute que Nicole a obtenu une promotion professionnelle qui la dispense des déplacements en voiture ! Elle n'utilise donc pas la compétence acquise grâce au traitement. Grâce à celui-ci la peur du vide a néanmoins diminué et le périmètre de déplacement est élargi. Nicole évite encore les routes non connues et les longs trajets d'autoroute. Elle se dit malgré tout satisfaite du traitement et livre cette belle conclusion :

Il m'a coûté beaucoup d'efforts. Vous ne vous en êtes peut-être pas rendu compte, mais j'en ai bavé... Le traitement n'a pas atteint tous ses objectifs, mais c'est quand même une vraie victoire sur moi-même ! Et puis, n'est-ce pas le propre de la vie que de rencontrer des succès partiels, et des échecs partiels également.

L'ESSENTIEL À RETENIR

— Le vertige est la sensation prédominante dans la peur du vide.
— Causes multiples : visuelles, respiratoires, musculaires, vestibulaires.
— Scénario : attraction par le vide, vers le bas ou... vers le haut !
— Défocalisez et pétrissez !
— Exposez-vous régulièrement et progressivement.

La peur de conduire après un accident

Un accident et ses suites

Stéphane est âgé de 25 ans, célibataire. Il est employé au service des parcs de la ville. Sa peur de conduire remonte à plus d'un an, après un grave accident de la circulation. En compagnie d'un groupe d'amis il avait passé une soirée sympathique et arrosée. Vers deux heures du matin, Stéphane prend le volant de sa voiture pour rentrer chez lui. Il a refusé la suggestion de dormir sur place et a proposé à Loïc, un des participants à la fête, de le ramener chez lui. Une quinzaine de minutes après le départ, sur une route rectiligne traversant la campagne, Stéphane s'assoupit un instant alors qu'il roule à vive allure. Cet instant suffit pour qu'il perde la maîtrise du véhicule. Celui-ci quitte la chaussée et accroche un arbre situé au bord de la route. Stéphane s'en sort avec des blessures relativement légères, des contusions aux jambes et une fracture de la cheville. Loïc a moins de chance, il est mort sur le coup. Les souvenirs que Stéphane garde de l'accident sont un réveil brutal avec de fortes douleurs aux jambes, l'image de son ami resté sur son siège, penché vers l'avant, le teint gris, sans vie, et une sensation de nausée et d'oppression dans la poitrine.

Six semaines après l'accident, Stéphane reprend son travail, mais pendant les six à huit mois qui suivent l'accident il traverse une période très difficile. Il a beaucoup de peine à se lever le matin, il manque d'énergie et de motivation. Le soir et le week-end il reste le plus souvent prostré dans sa chambre, n'arrêtant pas de se reprocher la mort de Loïc. Il revoit sans cesse les images de l'accident aussi bien à l'état éveillé que dans des cauchemars. L'avenir lui semble bouché. Après l'enterrement il n'ose plus revoir les parents de Loïc, par honte et par peur d'essuyer leurs regards et leurs reproches. Avec le retrait du permis de conduire, il écope d'une amende pour ivresse au volant et perte de maîtrise du véhicule. Une procédure judiciaire est en cours. Sur le plan civil, son assureur en responsabilité civile lui demande une participation à l'indemnité versée à la famille de Loïc. Il trouve un arrangement avec son assureur sur un règlement échelonné du montant. C'est à ce moment-là que Stéphane commence à reprendre progressivement goût à l'existence, à retrouver de l'énergie, à sortir. Il noue une relation sentimentale. Au fil des semaines et des mois, il redevient presque comme avant. Il rend visite aux parents de Loïc après leur avoir écrit une lettre où il leur demande pardon. Il a repris goût à la vie, l'accident n'est plus une hantise permanente. Stéphane pense avoir été puni lourdement mais justement pour sa faute, aussi bien par la société que par lui-même.

La peur de conduire de Stéphane

La vie reprend donc son cours normal pour Stéphane, sauf sur un point. Il se sent incapable de reprendre le volant d'une voiture. Lorsqu'un jour son père lui propose de lui prêter sa voiture pour un déplacement, Stéphane hésite puis accepte. Mais au moment de partir, des images de l'accident, de Loïc mort, de la soirée arrosée défilent dans sa tête pêle-mêle, accompagnées d'un malaise physique intense comprenant un mélange de nausée, d'oppression et de faiblesse dans les jambes. Il ramène la clé de la voiture à son père et lui dit très ému : *Je préfère ne pas conduire dans cet état... je me demande si je serai capable un jour de tenir à nouveau un volant...*

Dans les mois qui ont suivi l'accident, Stéphane a dû souffrir de ce que les spécialistes appellent un *état de stress post-traumatique*. Il s'agit d'un trouble psychique consécutif à un traumatisme, caractérisé non seulement par l'évitement de tout ce qui rappelle de près ou de loin le traumatisme, mais aussi par la reviviscence intempestive et répétitive de celui-ci. Cet état est accompagné d'une grande nervosité et de troubles de la concentration. Au moment où il consulte, le stress post-traumatique à proprement parler est en grande partie dissipé. Reste la peur de conduire et la gêne qui en résulte dans sa vie quotidienne. Plus le temps passe et plus il se sent mal à l'aise à l'idée de reprendre le volant.

Est-ce normal ?

Stéphane a subi un grave traumatisme, psychologique aussi bien que physique, avec la mort de son ami Loïc et le poids de la culpabilité. Le choc puis la dépression et le stress post-traumatique passager font partie de l'évolution normale dans un tel contexte. En revanche, la persistance d'une anxiété excessive face à la conduite automobile signe la présence d'une blessure psychique non cicatrisée. Le fait qu'il se soit écoulé un an depuis l'accident, et que le blocage reste inchangé alors que les autres domaines de la vie de Stéphane semblent retrouver un cours habituel, suggère que le temps ne semble pas arranger les choses. Mais comment intervenir ? Il faut d'abord identifier les mécanismes de la peur de conduire. La peur de paniquer au volant existe bien chez Stéphane comme chez toutes les personnes sujettes à la peur de conduire. La différence avec les autres situations que nous avons vues jusqu'ici est que la peur de paniquer n'est pas due, ou pas entièrement due, à une prévision catastrophique fondée sur une erreur d'interprétation des sensations d'alerte. Ici il y a eu une expérience réellement traumatisante à l'origine de la peur de conduire. Le thérapeute postule néanmoins qu'il existe probablement aussi des erreurs d'interprétation à la base de la peur de conduire. Il soumet cette idée à Stéphane et lui propose un traitement dont le but sera de rechercher la part irrationnelle ou erronée de sa peur. Voici en résumé les « erreurs d'interprétation » découvertes peu à peu au cours du traitement, grâce à la collaboration active des deux partenaires du traitement, qui s'est déroulé sur 15 séances.

Stéphane mésestime sa responsabilité dans la mort de Loïc

Une possibilité formulée dès le début du traitement est que Stéphane évalue de manière erronée sa responsabilité dans la mort de Loïc. En la surestimant, il la rend écrasante, inacceptable. Ne pas reprendre le volant est une manière d'évacuer le problème en repoussant le risque de confrontation avec le souvenir de sa responsabilité de conducteur. Si cette hypothèse est juste, Stéphane devra apprendre à apprécier de manière plus réaliste sa responsabilité dans l'accident et dans la mort de Loïc. Cela pourrait lui permettre de l'assumer véritablement et de dépasser le blocage face à la conduite. Voici comment cette hypothèse est testée dans la thérapie et quelles conséquences en résultent.

> Appréciez de manière objective et réaliste votre responsabilité dans l'accident.

— Regardons donc de plus près l'appréciation que vous portez sur votre responsabilité dans l'accident qui a provoqué la mort de Loïc. Êtes-vous d'accord que nous examinions cela en détail ?

— Je suis d'accord, mais c'est vite vu : je suis entièrement responsable de la mort de Loïc !

— Cela veut dire qu'à votre avis, si on exprime votre degré de responsabilité par rapport à la mort de Loïc en %, les 100 % vous incombent ? Sur un schéma, votre part de responsabilité se présenterait comment ?

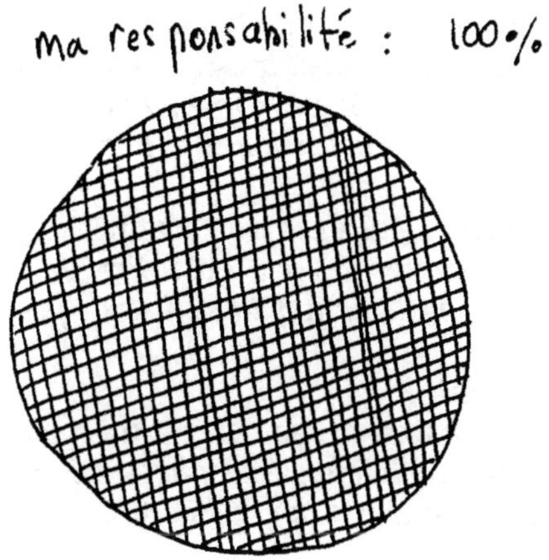

— C'est certain !

— Vous en avez la preuve ? Si on se remet dans le contexte du jour de l'accident, quelles sont selon vous les conditions nécessaires pour que Loïc trouve la mort ?

— Que je sois au volant, que j'aie bu et que je m'endorme.

— Cela fait trois conditions qui sont effectivement nécessaires pour que l'accident se produise. C'est tout ?

— Je n'en vois pas d'autre.

— Si vous êtes seul dans la voiture et que vous vous endormiez en ayant bu, que se passe-t-il ?

— Eh bien, il n'y a que moi qui suis blessé, évidemment. Bien sûr que si Loïc n'était pas monté dans la voiture, il ne serait pas mort aujourd'hui.

— Que Loïc monte dans votre voiture est donc une quatrième condition nécessaire. Vous, vous n'êtes pas mort dans l'accident, contrairement à Loïc. N'y a-t-il pas encore une condition qui a dû être présente pour que Loïc perde la vie ?

— Vous voulez parler de l'arbre qui se trouvait à la droite de la route juste au moment où je me suis assoupi ?

— Sans cet arbre, Loïc serait-il mort ?

— Peut-être bien que non.

— Si je résume, on peut estimer que cinq conditions ont dû être réunies cette nuit-là pour que Loïc perde la vie :

1. Vous conduisez. 2. Vous avez bu. 3. Vous vous endormez sous l'effet de la fatigue et de l'alcool. 4. Loïc est monté dans votre voiture. 5. Un arbre se trouve à l'endroit où votre voiture quitte la route.

— Oui, c'est ça.

— Bien. Nous avons vu que ces cinq conditions sont nécessaires pour provoquer l'accident et coûter la vie à Loïc. Pensez-vous que chacune de ces cinq conditions, prise isolément, soit suffisante pour provoquer la mort de Loïc ?

— Non, évidemment.

— Donc on peut considérer que Loïc est mort en raison de l'accumulation de circonstances qui étaient nécessaires mais pas suffisantes, prises isolément, pour le faire mourir. On est d'accord ?

— D'accord.

— Si nous reprenons le dessin représentant les parts de responsabilité de l'accident, qu'est-ce que cela donnerait ?

— Quelque chose comme ça...

— Vous semblez accorder une plus grande importance dans votre dessin à la prise d'alcool qu'aux autres facteurs. Est-ce vraiment fondé,

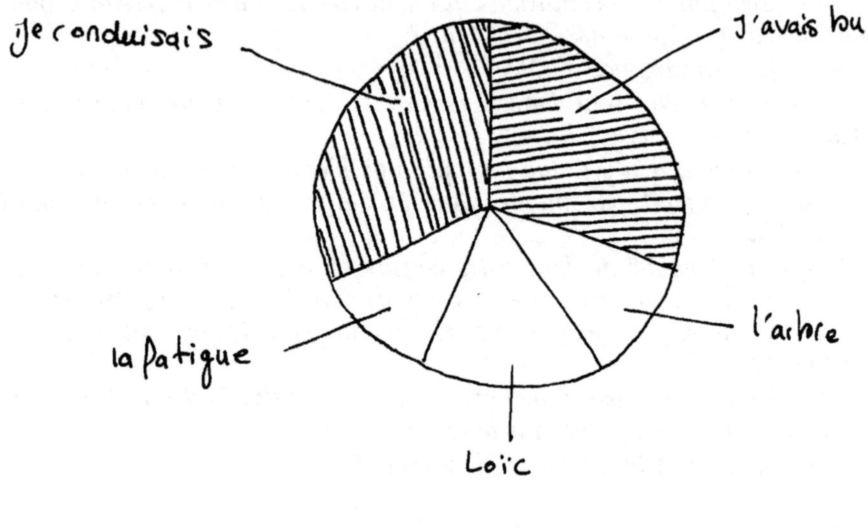

puisque nous avons vu que tous les facteurs étaient nécessaires mais pas suffisants en eux-mêmes ? Par exemple, si Loïc n'était pas monté dans la voiture, serait-il mort du fait que vous aviez bu ?

— Non, certainement pas, mais c'est moi qui lui ai proposé de le ramener !

— L'avez-vous contraint à monter dans votre voiture ?

— Non, bien sûr.

— Savait-il que vous aviez bu ?

— Évidemment, puisque nous avons passé toute la soirée ensemble !

— Il a donc pris le risque de monter dans votre voiture en toute connaissance de cause ?

— On peut le dire, c'est vrai.

— Y a-t-il des raisons de penser que l'un des cinq facteurs qui ont précipité la mort de Loïc soit moins important que les autres ?

— Je ne le crois pas.

— Il faudrait donc redessiner le graphique en tenant compte du poids égal de chaque facteur. Qu'est-ce que cela donne ?

— À peu près ça :

— Encore une chose : parmi ces facteurs, quels sont ceux qui dépendent de vous et ceux qui ne dépendent pas de vous ?

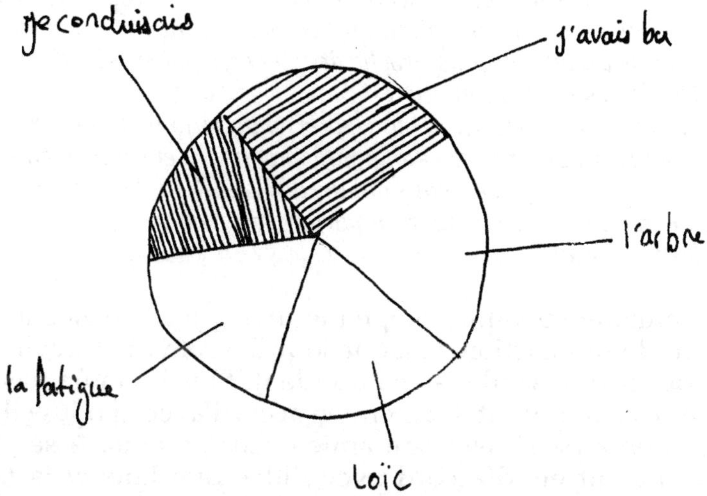

— Ce qui dépend de moi : 1. Avoir bu de l'alcool. 2. Conduire dans cet état. 3. M'endormir au volant dépend en partie de moi, mais pas totalement car c'était plus fort que ma volonté. Par contre, la présence de l'arbre à cet endroit et à cet instant ne dépend pas de moi, c'est la fatalité. Que Loïc soit monté à bord de ma voiture dépend partiellement de moi, puisque je l'y ai invité.

— Comment résumeriez-vous l'essentiel de la séance ?

— J'ai surtout retenu que l'appréciation de ma responsabilité dans la mort de Loïc est plus nuancée que ce que je croyais jusque-là. L'accident est le résultat de l'accumulation de plusieurs facteurs, tous nécessaires mais dont aucun n'était suffisant pour provoquer la mort de Loïc. Certains de ces facteurs dépendaient de moi, certains partiellement, certains pas du tout. C'est terrible à dire, mais Loïc a aussi une part de responsabilité.

— Il me semble que l'essentiel est là, en effet. Sur ce dernier point, vous semble-t-il acceptable de penser que Loïc a une part de responsabilité dans sa propre mort ?

— Il faut que je m'y fasse…

— Qu'est-ce que ça vous fait, de voir les choses ainsi ?

— D'un côté, je me sens coupable de charger Loïc. De l'autre, ça me soulage de penser que je ne suis pas seul en cause, que Loïc et la fatalité le sont aussi.

— Pensez-vous que cette façon de voir est plus proche de la réalité, ou moins proche, que la perception que vous aviez jusqu'à maintenant ?

— Je crois qu'elle est plus proche de la réalité, même si j'ai de la peine à sentir les choses de cette manière.

— Seriez-vous d'accord de consacrer chaque jour de la semaine qui vient un moment pour revoir ce que nous avons vu ensemble, en faire un résumé dans votre calepin en vous aidant de l'audition de l'enregistrement de notre entretien que vous allez emporter avec vous.

— Je vais essayer.

La semaine suivante, Stéphane arrive à la séance avec un sentiment de satisfaction. Chaque jour il a refait le travail d'évaluation des responsabilités de l'accident. Plus les jours passaient et plus il se sentait véritablement en accord avec la nouvelle évaluation. Il en a parlé avec son amie et ses parents. À sa grande surprise, ils ont été d'accord avec l'idée que Loïc et la fatalité avaient eu aussi un rôle dans le drame, et qu'il n'était pas seul en cause. De ce fait, il lui semble plus facile d'assumer sa part de responsabilité. Stéphane commence à réellement ressentir avec un certain apaisement qu'il a payé sa dette, alors que jusque-là il s'efforçait de le penser sans arriver à y croire vraiment. Le thérapeute propose à Stéphane de poursuivre le travail d'acceptation de sa responsabilité dans l'accident et dans la mort de Loïc. Cette tâche devient plus accessible lorsque la responsabilité est évaluée de manière nuancée mais réaliste, et que sa culpabilité n'est plus si massive et accablante qu'auparavant. Au cours de l'entretien, ils s'efforcent de cerner au mieux la part de responsabilité de Stéphane. Ils arrivent à la conclusion que celle-ci tient au fait d'avoir pris le volant en étant fatigué et alcoolisé. Le thérapeute encourage Stéphane à percevoir qu'il s'est agi d'un choix de sa part, un choix erroné mais un choix quand même. Le travail de relativisation de sa responsabilité accompli auparavant permet maintenant à Stéphane d'accepter que sa peine n'a pas à être absolue et indéfinie. La formulation du problème sous l'angle du mauvais choix, de l'erreur, amène la discussion sur la question de savoir s'il est admissible de se tromper, de faire de mauvais choix. De fil en aiguille, Stéphane admet que l'erreur est humaine et que l'on a le droit de recommencer à vivre après avoir commis une grave erreur. L'accepter, l'assumer et payer son dû à la société rend ce processus plus facile.

L'amalgame entre conduite et accident

Dans l'esprit de Stéphane n'existe-t-il pas une autre erreur d'appréciation consistant à faire un amalgame entre l'accident et la conduite en général ? Le souvenir traumatisant de l'accident est tellement associé à l'idée de conduire que celle-ci est impossible à envisager. Le traitement permet peu à peu à Stéphane de découpler ces deux notions distinctes : conduire et provoquer un accident. Il n'y a pas de raison que la seconde parasite indéfiniment la première au point de l'empêcher.

Stéphane évite les images de l'accident

Le blocage vis-à-vis de la conduite est entretenu par la force des images de l'accident. Un souvenir lié à des images ou à des sensations fortes, positives ou négatives, reste bien plus puissamment ancré que le souvenir qui en est dépourvu. L'évitement entretient toujours la peur. Les images liées à l'accident restent fortes parce que Stéphane s'efforce de les chasser lorsqu'elles se présentent. Si cette hypothèse est juste, l'immersion en imagination présentée parmi les outils antipanique devrait permettre de diminuer leur impact émotionnel et leur ancrage dans la tête de Stéphane. C'est ce que le thérapeute propose à Stéphane. D'abord en s'exposant méthodiquement au souvenir de l'accident, aux images et aux sensations qui lui sont liées. Ensuite en reprenant peu à peu contact, avec l'aide du thérapeute, avec la voiture et avec la conduite.

— Vous m'avez dit que lorsque votre père vous a proposé de conduire, les images et les sensations de l'accident sont revenues, et c'est ce qui vous a donné l'idée que vous pourriez perdre le contrôle du véhicule. C'est bien ça ?

— Oui, c'est exactement cela.

— Nous avons vu que la présence d'images et de sensations liées à l'accident constituent un élément essentiel de votre blocage, et que la persistance de ces images et de ces sensations pourrait être due au fait que vous les chassiez de votre esprit dès qu'elles se présentent. Seriez-vous d'accord d'essayer de vous confronter à ces images et à ces sensations ? Le but serait de vous habituer à elles de manière qu'elles ne provoquent plus en vous de réactions aussi fortes.

— Je ne suis pas très rassuré, mais si ça peut m'aider, je veux bien essayer. Mais comment ?

Le thérapeute propose à Stéphane d'établir une liste des images et des sensations de l'accident qui lui reviennent encore. L'image la plus pénible est celle de la découverte de Loïc mort à ses côtés, lorsqu'il reprend connaissance immédiatement après l'accident. Le thérapeute propose à Stéphane l'exercice suivant : les yeux fermés, visualiser l'image du corps de Loïc, en particulier son visage, de la manière la plus détaillée possible, et s'efforcer de garder l'image un certain temps tout en évaluant périodiquement son degré d'anxiété. Pour l'évaluation de l'anxiété, le thérapeute propose à Stéphane d'utiliser l'échelle allant de 0 (aucune anxiété) à 10 (anxiété insupportable) présentée dans le premier chapitre de cet ouvrage. Le thérapeute précise à Stéphane qu'il peut interrompre l'exercice à tout moment si l'expérience est trop pénible. Stéphane accepte de commencer l'immersion. Il ferme les yeux et décrit au thérapeute ce qu'il « voit ». Le thérapeute insiste pour que Stéphane donne des détails sensoriels précis : couleur du visage, position du corps, celle de la tête, présence d'odeurs, etc. Après une minute, le thérapeute interroge Stéphane sur son degré d'anxiété. Elle est forte (8) mais supportable. Stéphane souhaite poursuivre l'immersion. Après deux autres minutes, Stéphane mentionne un degré d'anxiété qui tend à diminuer : *Il me semble que la première répulsion est passée, je commence à m'habituer, c'est moins effrayant que je n'aurais cru. Mon anxiété est redescendue à 5.* Après dix minutes de visualisation presque continue, alors que l'anxiété reste à un niveau moyen (4-5), le thérapeute propose à Stéphane d'interrompre l'exercice, d'ouvrir les yeux et de commenter son expérience. Stéphane raconte qu'il a ressenti au début de l'exposition un malaise physique intense, incluant nausée, oppression respiratoire, frisson dans le dos, estomac soulevé, jambes flottantes. Puis, au fur et à mesure que l'expérience se poursuivait, il a eu l'impression qu'il commençait à se familiariser avec l'image de Loïc mort à ses côtés, que celle-ci lui faisait moins peur et provoquait moins de sensations physiques pénibles.

Stéphane accepte ensuite de refaire la même expérience. Il constate que le phénomène d'habituation se produit, mais plus rapidement que lors de la première tentative. Le malaise initial est moins intense (6-7), et à la fin de la visualisation, l'anxiété est évaluée à 3-4 par Stéphane (modérée). Convaincu de l'efficacité de la méthode, Stéphane pratique ensuite le même exercice de visualisation avec deux autres scènes pénibles : l'extraction du corps inerte de Loïc par les policiers, et la vision des parents de Loïc en larmes lors de l'enterrement. En cours d'exercice, Stéphane relate au thérapeute le même phénomène d'habituation que lors de la visualisation de la première image. À la fin de la séance, le thérapeute félicite Stéphane de son courage, et celui-ci remercie le thérapeute de lui avoir permis d'affronter ses peurs les plus intimes. La tâche convenue jusqu'à la prochaine séance est de répéter chaque jour le même exercice à la maison, seul ou en présence de son amie, pendant 10 à 15 minutes.

À la séance suivante, Stéphane déclare qu'il a pu visualiser toutes les scènes de l'accident et qu'il a pratiqué deux fois l'exercice en présence de son amie. Il s'est senti soulagé de partager avec elle cette expérience émotionnelle forte. La séance est consacrée à répéter l'exercice de visualisation de l'accident, en incluant le souvenir de ce qui s'est passé avant et après celui-ci, jusqu'à l'enterrement de Loïc. L'habituation aux images traumatiques est considérée comme acquise lorsque leur visualisation en imagination ne provoque plus qu'une anxiété modérée.

La phase suivante du traitement de Stéphane rejoint dans les grandes lignes les traitements que nous avons décrits précédemment, concernant la peur d'être enfermé et celle du vide. Autrement dit, la suite du traitement de Stéphane comprend :

- la réinterprétation et le contrôle des sensations physiques ressenties par Stéphane à l'idée de conduire, grâce aux outils anti-panique ;
- l'exposition au scénario catastrophe.

Sur ces deux plans, le travail a déjà été amorcé avec l'exposition en imagination aux scènes de l'accident. Par rapport aux cas de Michel et de Nicole, la situation de Stéphane est un peu particulière dans la mesure où un scénario catastrophe s'est réellement produit pour lui. De ce fait, il lui est plus facile de le mettre au jour, et en même temps l'exposition est plus difficile car cela lui rappelle des souvenirs traumatisants. Mais l'exposition aux images de l'accident réalisée dans la phase du traitement a déjà préparé le terrain, et Stéphane accepte d'imaginer que le pire se réalise à nouveau. Il se rend compte au cours de l'exercice que l'évocation du pire scénario catastrophe ne provoque pas plus d'anxiété que la visualisation des scènes traumatiques réelles, comme si l'accident et sa remémoration au cours de la thérapie l'avaient blindé contre l'idée du pire.

Stéphane reprend contact avec la conduite

L'exposition à la conduite est menée progressivement et en respectant la règle de la progressivité. Stéphane décidera lui-même, en concertation avec le thérapeute, des étapes et du rythme de l'exposition. Celle-ci débute à l'extérieur du cabinet, à l'intérieur de la voiture du thérapeute. Celui-ci se met au volant un instant, Stéphane prenant place à côté, avant qu'ils échangent leurs places. Stéphane reste au volant quelques minutes. Son anxiété monte à 5-6 puis redescend à 4 lorsqu'il met en place la respiration en carré nez-ventre et le contrôle musculaire par pétrissage du volant. Pendant quelques minutes le thérapeute sort de la voiture avec l'accord de Stéphane, laissant celui-ci seul à l'intérieur, moteur éteint. La tâche à domicile convenue est de répéter le même exercice avec la voiture du père de Stéphane, en présence de celui-ci, puis en son absence.

À la séance suivante, Stéphane et le thérapeute se rendent d'emblée sur le parking. Stéphane met en marche le moteur de la voiture du thérapeute en présence de celui-ci. Le degré d'anxiété restant acceptable (5-6), Stéphane propose de déplacer le véhicule de quelques mètres, pour garer la voiture un peu plus loin sur le parking. Après un bref pic d'anxiété d'une ou deux secondes (montée à 7-8) au moment du démarrage, l'anxiété redescend à un niveau supportable (5-6) pendant le déplacement qui dure une minute environ. Le thérapeute rappelle à Stéphane les techniques anti-panique : respiration nez-ventre, pétrissage du volant lorsque c'est possible, vision défocalisée. La manœuvre de déplacement accomplie avec succès, Stéphane transpire et a les jambes un peu flottantes, mais éprouve une grande satisfaction. Il a pu conduire à nouveau, après une interruption de plus d'un an ! Après un échange sur ce qu'il a ressenti pendant l'exercice, et les félicitations du thérapeute, Stéphane propose de répéter l'exercice, donc de déplacer à nouveau la voiture à une autre place du parking. La manœuvre est exécutée impeccablement, sans pic d'anxiété intense cette fois. Pour finir la séance, Stéphane exécute le même déplacement, mais cette fois en étant seul dans la voiture, le thérapeute observant de l'extérieur. La tâche de Stéphane pour les jours suivants est de répéter ce qui a été accompli en séance, si possible une fois par jour, avec la collaboration de son père. En réalité, la séance du parking a été une sorte de déclic puisque dans les jours qui suivent la séance, Stéphane effectue quelques courts trajets en compagnie de son père, qui est d'accord de collaborer au traitement et de mettre sa voiture à la disposition de Stéphane. Deux séances thérapeutiques sont consacrées à la pratique de la conduite, avec le thérapeute à côté puis seul. Assez rapidement la peur disparaît, avec l'aide des outils antipanique et surtout l'habituation et le retour des anciennes sensations de la conduite. Finalement, ils se rendent ensemble sur le lieu de l'accident. Stéphane est au volant, le thérapeute est à côté. Arrivés sur place, ils sortent de la voiture. Stéphane est pris d'une forte émotion. Le thérapeute l'encourage à laisser son émotion s'exprimer. Au bout d'un moment, Stéphane observe qu'il se sent soulagé et comme apaisé d'avoir pu pleurer. Les images de l'accident reviennent brièvement mais sans provoquer de bouleversement incontrôlable chez Stéphane. Celui-ci reprend le volant sans problème et raccompagne le thérapeute à son cabinet. Ils décident alors de mettre fin au traitement.

Particularités de la peur de conduire d'origine traumatique

La peur de conduire consécutive à un accident présente quelques caractéristiques particulières que vous devez prendre en compte dans votre traitement.

- Le scénario n'est pas uniquement une anticipation catastrophique basée sur unc interprétation erronée de sensations physiques ; le scénario est fondé sur un fait réel mais avec une interprétation en partie irrationnelle de cet événement.
- Examinez soigneusement votre part de responsabilité dans l'accident. Essayez de l'estimer à sa juste valeur, y compris à l'aide des tiers (proches, médecin, police, juge, assureur) puis acceptez de l'assumer, ni plus ni moins. Payer son dû est le meilleur moyen de se mettre en paix avec soi-même et avec les autres, quel que soit le mode de paiement : amende, dédommagement, condamnation pénale, geste envers le lésé. Faites cet examen même si à première

vue votre responsabilité n'est pas engagée parce que vous étiez passager, piéton ou victime de l'erreur d'un autre conducteur.

> Assumez votre part de responsabilité, cela vous aidera à retrouver la paix !

• Dans ce cas acceptez que vous puissiez éprouver colère et révolte, et exprimez ces sentiments.

• L'évitement concerne non seulement la conduite mais aussi les images de l'accident ; vous exposer à ces images vous aidera à les accepter et à les dépasser.

• N'hésitez pas à vous confier et à vous faire aider pour recommencer à vivre ; cela permet souvent de voir les choses autrement.

L'ESSENTIEL À RETENIR

— Définissez avec objectivité votre responsabilité.
— Aidez-vous des sanctions de la société pour estimer votre responsabilité.
— Assumez-la, mais n'assumez que ce qui vous incombe.
— Ne faites pas un amalgame entre votre accident et la conduite en général.
— Exposez-vous en imagination aux images de l'accident.
— Partagez vos émotions avec un proche ou avec un professionnel.
— Est-il justifié de vous condamner à perpétuité à la culpabilité ?
— Recommencez à vivre après avoir accepté et assumé les suites de l'accident.

La peur de ne pas être à la hauteur

Robert ou la peur de conduire de la personne âgée

Robert est âgé de 75 ans. Il est veuf depuis cinq ans et a deux enfants, une fille et un fils qui habitent l'une dans une ville à une cinquantaine de kilomètres, l'autre dans un village situé à une quinzaine de kilomètres. Robert vit seul dans une maison située dans un petit village dépourvu de tout commerce et peu desservi par les transports publics. Un bus le matin et un bus le soir sont les seuls moyens de transport reliant le village à la ville la plus proche. Retraité, Robert utilise sa voiture environ une fois par semaine pour faire ses courses au supermarché, se rendre chez ses enfants ou chez le médecin.

Depuis quelque temps, Robert remarque qu'il se sent moins sûr de lui au volant, alors qu'il conduit depuis près de cinquante ans sans avoir jamais eu le moindre accident. C'est surtout lorsqu'il se rend en ville voir sa fille qu'il se sent peu à l'aise :

J'ai l'impression qu'en ville le trafic va trop vite pour moi, il faut avoir les yeux partout à la fois... on me klaxonne si je ne démarre pas immédiatement, ou si je roule trop lentement... Bref, je suis dépassé par les événements ! Sur l'autoroute c'est la même chose, je commence à avoir peur, ça roule trop vite, tout le monde me dépasse. J'ai aussi remarqué que je deviens peureux lorsque je dois rouler la nuit, ou lorsque la chaussée est mouillée ou enneigée. Le résultat de tout ça, c'est que je roule de moins en moins. Je n'ose plus m'aventurer jusqu'à N. (la ville où habite sa fille), je ne prends plus l'autoroute, je ne roule plus la nuit ni lorsque les conditions sont mauvaises. Lorsque je suis surpris par un imprévu, je commence à me sentir oppressé, j'ai l'impression que mes bras et mes jambes flottent, j'ai chaud et je transpire beaucoup...

La restriction de ses sorties en voiture a deux conséquences que Robert perçoit très bien, l'une bénéfique, l'autre négative. Le bénéfice est à court terme, il est qu'en limitant ses déplacements en voiture Robert évite de se sentir mal. Le maléfice est à long terme, c'est que Robert s'isole, voit moins de monde et ne se sent plus si à l'aise qu'auparavant au volant, même sur les trajets les plus familiers.

Robert n'a jamais parlé de son problème à quiconque hormis à sa fille à qui il a expliqué pourquoi il ne venait plus lui rendre visite aussi souvent qu'auparavant. Il évite d'en parler autour de lui parce qu'il craint qu'en raison de son âge son permis de conduire lui soit retiré si les gendarmes ou le médecin venaient à savoir qu'il ne se sent plus très sûr au volant. Une fois, il y a quelques mois, il a été interpellé par les gendarmes parce qu'il roulait trop lentement. Lors d'une visite chez son médecin, il y a six mois, celui-ci a mentionné à Robert l'existence de quelques petits problèmes : un début de cataracte, une ouïe légèrement diminuée, et une nuque un peu raide. Pour l'instant tout ça reste minime et ne met pas en cause l'aptitude à conduire de Robert, mais le médecin précise qu'il faudra surveiller cela de près. Robert ressort de chez le médecin avec des sentiments partagés. D'un côté il comprend bien que la sécurité, aussi bien la sienne que celle des autres conducteurs, exige qu'il soit parfaitement apte à conduire pour s'engager dans le trafic. D'autre part il ressent la possibilité d'un retrait de son permis de conduire comme une blessure d'amour-propre et une menace qui l'effraie par tout ce que cela signifie d'isolement accru et de précipitation dans le grand âge. C'est sur le conseil de sa fille que Robert consulte un thérapeute pour voir s'il est possible de faire quelque chose pour enrayer la progression de sa peur de conduire.

L'évaluation du problème

En conclusion de son évaluation, le thérapeute observe que deux éléments liés à l'âge diminuent objectivement les capacités de Robert :

- Les problèmes physiques mentionnés par le médecin, même s'ils ne sont pas suffisants pour mettre en cause son aptitude à conduire.
- Un ralentissement de l'activité cérébrale, normal chez une personne de 75 ans, qui abaisse ses capacités de réaction face aux sollicitations du trafic automobile moderne.

La première recommandation du thérapeute est que Robert ne néglige rien de ce qui peut être fait pour limiter les problèmes physiques : contrôle régulier de l'ouïe et de la vue ; appareillage auditif si nécessaire ; correction de la vue et opération de la cataracte en cas de besoin ; gymnastique pour préserver la mobilité de la nuque, indispensable au conducteur, notamment dans les carrefours, les dépassements et les parcages.

Sur le plan psychologique, le thérapeute attire l'attention de Robert sur deux facteurs qui limitent et risquent de limiter davantage encore à l'avenir sa capacité de conduire, et sur lesquels il est possible d'agir :

- La peur irrationnelle qui amplifie les limitations objectives.

• La diminution de la pratique de la conduite (évitement), qui est due à la peur mais la renforce en retour, comme Robert l'a déjà remarqué.

En conclusion, le thérapeute propose un traitement ciblé sur ces deux éléments, tout en tenant compte des limitations objectives des capacités de Robert liées à l'âge. L'appréciation légale de l'aptitude à la conduite est de type tout ou rien, donc sans nuance. Or la diminution objective des capacités physiques et mentales de Robert ne met pas en cause de manière absolue son aptitude à la conduite, comme son médecin le reconnaît. En revanche, elle diminue sans doute sa capacité à conduire dans certains contextes comme les grandes villes ou l'autoroute. Il faut en tenir compte pour fixer des objectifs thérapeutiques *réalistes*. Robert tient à garder son permis de conduire aussi longtemps que possible afin de préserver son indépendance et ses contacts sociaux. À la fin de l'évaluation, Robert et le thérapeute se mettent d'accord sur un contrat thérapeutique portant sur un traitement dont les objectifs sont les suivants :

• Permettre à Robert de garder la main, c'est-à-dire de conserver la capacité de conduire avec un degré suffisant de sécurité et de confiance en lui-même.

• Limiter la conduite aux trajets courants, familiers à Robert et lui permettant de se rendre dans les environs relativement immédiats, notamment chez son fils, ainsi que dans la localité de moyenne importance, distante d'une vingtaine de kilomètres, où se trouvent le supermarché, le médecin, la pharmacie et quelques amis. Ce plan implique que Robert renonce à emprunter l'autoroute et à se rendre en voiture chez sa fille qui habite une grande ville.

• Conduire en temps de pluie, éventuellement la nuit pour de courts trajets, mais renoncer à conduire sur des routes enneigées.

Le traitement de Robert

Il se déroule sur six séances à raison de deux séances par mois, auxquelles s'ajoutent les tâches à domicile. Il s'articule en deux volets, qui sont menés simultanément :

• Diminuer et prévenir la peur irrationnelle de conduire par l'apprentissage des techniques antipanique.

• Combattre l'évitement en conduisant régulièrement.

Conduire régulièrement au lieu d'éviter

Robert est encouragé à conduire régulièrement, si possible tous les jours, en parcourant de courts trajets sur lesquels il se sent à l'aise. Au milieu du traitement, lorsqu'il a retrouvé confiance en lui-même, la fréquence des sorties est diminuée mais celles-ci restent régulières, deux à trois par semaine.

Contrôler les sensations physiques de la peur

Dans le cas de Robert, les sensations physiques désagréables déclenchées par la peur sont respiratoires (oppression), musculaires (jambes et bras flottants), et circulatoires (chaleur et transpiration). Les trois premières séances thérapeutiques sont consacrées à l'explication puis à la mise en pratique de la méthode d'exposition volontaire aux sensations et de leur contrôle. Pour ce qui est de la sensation de chaleur et la transpiration, le thérapeute propose à Robert de s'habiller très chaudement et d'envelopper son visage dans une écharpe, puis de faire quelques mouvements jusqu'à ce que la sensation de chaleur et les transpirations apparaissent. L'exercice est répété jusqu'à ce que l'habituation permette à Robert de supporter ces sensations sans gêne excessive. Pour ce qui est des autres sensations, l'accent est mis sur le contrôle respiratoire par la respiration en carré nez-ventre, et musculaire par le pétrissage du volant.

Apprivoiser le scénario catastrophe

Chez Robert, les pensées catastrophiques sont les suivantes : *Je perds le contrôle de ma voiture… Cela provoque une collision entraînant la mort de l'autre conducteur… On me retire le permis de conduire… Je suis coupable et j'ai honte… Je m'isole… Je meurs… Je suis soulagé et apaisé car je retrouve ma défunte épouse.*

Si le début du scénario avec la perte de contrôle s'avère difficile à affronter et angoissant, sa conclusion heureuse permet à Robert de l'envisager finalement assez sereinement, et de le répéter plusieurs fois sans qu'il provoque d'anxiété très intense.

Combattre l'évitement en conduisant régulièrement

Le traitement se termine par deux séances pratiques. Robert est encouragé par le thérapeute à se mettre au volant dans des conditions non routinières mais se situant dans le cadre des objectifs fixés. Il s'agit de conduire dans la petite ville où Robert se rend pour faire ses courses, puis de conduire par temps de pluie. Pour ces deux séances, le thérapeute est assis aux côtés de Robert, ce qui lui permet d'observer directement le comportement de Robert et de lui rappeler à l'occasion les consignes antipanique. Dans l'ensemble, ces deux exercices pratiques se déroulent sans problème majeur. Toutefois, le thérapeute fait remarquer à Robert qu'il peut progresser sur deux points :

• Il a tendance à rouler soit trop lentement, le plus souvent, soit trop vite au point de flirter avec l'excès de vitesse dès qu'une voiture se trouve derrière lui, comme s'il se sentait poussé à accélérer par la présence de la voiture le suivant parfois de près. Le thérapeute rappelle à Robert que les limitations de vitesse légales correspondent à des maximums à ne pas dépasser, et non à des vitesses « plancher » comme semblent le penser certains automobilistes. Il incite Robert à moduler sa vitesse en fonction des prescriptions et des conditions de circulation, et non pas selon qu'il est suivi ou non par un autre véhicule.

• En ville, Robert ralentit systématiquement à l'approche des feux, surtout lorsqu'ils sont verts ! Ce comportement a des conséquences négatives, Robert se trouve plus souvent que nécessaire devant un feu rouge, il ralentit le trafic, se fait klaxonner, ce qui lui fait perdre confiance. Parfois il accélère trop brusquement lorsqu'une voiture lui « colle » à l'arrière du fait de sa vitesse trop lente.

• Par temps de pluie, Robert craint de freiner par peur de déraper et de perdre le contrôle. Pour ne pas devoir freiner, il roule extrêmement lentement, ce qui provoque dépassements et coups de klaxon. Robert reconnaît que cela nuit à la sécurité du trafic et qu'il se met lui-même sous pression. Le thérapeute lui montre à titre d'exercice qu'un freinage même brusque n'est pas synonyme de perte de contrôle, même sur une chaussée mouillée. Après une démonstration par le thérapeute, Robert s'essaie d'abord timidement puis plus hardiment à freiner fermement. Il est tout surpris de constater qu'à une vitesse raisonnable la voiture ne dérape pas et qu'il est plus difficile qu'il ne le croyait de perdre le contrôle.

À la dernière séance, Robert annonce qu'il a commencé à appliquer les consignes issues de la séance précédente : vitesse plus régulière et moins en accordéon, maintien de la vitesse devant un feu vert, utilisation du freinage en cas de pluie. Quelques mois plus tard, le thérapeute rencontre Robert au supermarché. Il indique que le résultat du traitement se maintient, et qu'il est content de pouvoir rouler avec confiance dans les limites convenues.

Handicap et maladie physique

Chez certaines personnes, l'insécurité au volant est due à la présence d'un handicap physique limitant la marge de manœuvre, ou d'une maladie susceptible de provoquer des malaises, par exemple l'épilepsie ou le diabète. Appliquez les mêmes principes que nous avons vus pour la personne âgée :

• Faites avec votre médecin un inventaire précis et objectif de vos limitations réelles.

• Reconnaissez et acceptez ces limitations.

• Fixez-vous des objectifs de conduite réalistes, tenant compte de vos limitations.

• S'il persiste une part irrationnelle dans votre peur de conduire, traitez-la en appliquant les principes exposés dans cet ouvrage.

L'ESSENTIEL À RETENIR

— Fixez-vous des objectifs réalistes.
— Évitez le tout ou rien.
— Il faut parfois limiter ses ambitions pour continuer à conduire.
— Conduisez régulièrement.
— Testez vos craintes irrationnelles à l'épreuve de la réalité.

Vous êtes anxieux de nature

Il n'y a pas que les personnes âgées qui peuvent se sentir dépassées par les exigences de la conduite automobile. Passer votre permis de conduire vous semble une montagne. Ou bien vous l'avez passé tant bien que mal mais vous ne conduisez jamais, ou rarement. Que faire ? Commencez par établir votre diagnostic. Examinez votre peur de conduire pour éliminer les causes déjà traitées : peur d'être enfermé, peur du vide ou suites d'un accident. Votre peur de conduire ne correspond peut-être à aucune de ces situations et pourtant vous ressentez la conduite automobile et le trafic comme une jungle où vous vous sentez incapable de vous débrouiller parce que tout va trop vite ou qu'il y a trop de choses auxquelles il faut penser. Le problème est que peut-être vous manquez de confiance en vous-même, que vous êtes anxieux de nature. Si c'est le cas, ce problème est plutôt une affaire de personnalité. Il n'est probablement pas ponctuel et circonscrit au seul domaine de la conduite. Il se manifeste dans diverses circonstances de votre vie privée et professionnelle, et a peut-être commencé pendant l'enfance ou l'adolescence. Comme le sujet dépasse les limites de ce livre, nous nous bornerons ici à indiquer quelques pistes pour vous aider à améliorer votre confiance en vous-même.

Vous êtes timide ?

La nature anxieuse peut se manifester par divers comportements.

Vous êtes timide, pas assez affirmé dans les relations avec les autres ? Ceux-ci profitent de vous, vous dépassent professionnellement ? Vous n'arrivez pas à approcher la personne qui vous plaît ? Il y a bien des chances pour que vous souffriez de ce que les spécialistes appellent la *personnalité évitante*. Cela consiste à manquer d'assurance et à éviter de se mettre en avant, de se confronter aux autres, de jouer ses cartes dans les relations sociales. Vous craignez de ne pas être à la hauteur, d'être jugé ou rejeté si vous vous montrez et révélez vos faiblesses. Sachez que vous pouvez apprendre à être plus affirmé avec les autres, mieux vous faire valoir dans votre vie personnelle et professionnelle. Commencez par essayer de vous exposer dans les situations sociales au lieu de les éviter systématiquement ou de vous faire tout petit dans votre coin. Ne regardez plus par terre mais devant et autour de vous, vous ferez des découvertes qui vont peut-être contredire les pensées négatives qui tournent en circuit fermé dans votre tête, faute d'être confrontées à la réalité. Si vous craignez que les autres vous jugent, demandez leur avis au lieu de vous contenter de ce que vous pensez être leur avis. Dans les conversations, n'hésitez pas à prendre la parole, à donner votre opinion. Utilisez les outils antipanique pour contrôler vos réactions physiques déplaisantes et vos scénarios catastrophe. Si vous persistez dans la voie de l'exposition progressive au lieu de l'évitement, vous vous rendrez certainement compte que vous êtes capable de faire votre place au soleil comme les autres et que ceux-ci prennent de l'intérêt à votre compagnie. Bref, vous aurez plus de plaisir dans la vie.

Vous êtes trop dépendant d'autrui ?

Une autre possibilité est que vous ayez trop tendance à vous appuyer sur les autres — parents, conjoint, ami — dans votre vie quotidienne, en particulier lorsque vous avez des décisions à prendre. Les spécialistes parlent de *personnalité dépendante* à propos de ce type de comportement qui devient problématique au moment où la personne sur laquelle vous vous appuyez fait défaut. Cela se produit tôt ou tard, soit qu'elle vous quitte, lassée de jouer la béquille ou pour d'autres raisons. Comme la personnalité évitante, la personnalité dépendante n'a pas l'occasion de s'entraîner à exercer des responsabilités et celle de conduire lui paraît excessive à assumer. Par rapport à la peur de conduire, essayez de changer d'attitude. Sollicitez les personnes qui vous sont chères non plus pour assurer vos déplacements, mais pour vous encourager dans votre démarche pour passer le permis de conduire si c'est votre souhait, ou pour pratiquer davantage la conduite. Attention toutefois, la dépendance va dans les deux sens. Il se peut que votre partenaire habituel supporte mal que vous souhaitiez plus d'indépendance ! Dans ce cas, cherchez à négocier de nouveaux rapports entre vous. Si un compromis est impossible, demandez-vous si vous préférez donner la priorité à votre épanouissement personnel ou à votre besoin de dépendance.

Obligé de tout contrôler ?

Chez certains, la nature anxieuse se manifeste par un comportement perfectionniste ou trop contrôlant. Ces personnes ont tendance à se mettre sous pression en ne s'accordant ni temps ni droit à l'erreur. Le perfectionniste a un souci excessif des détails, dans lesquels il se perd au détriment de la vision d'ensemble. On retrouve ici l'hyperfocalisation, non plus seulement visuelle, mais psychologique. Si vous êtes perfectionniste et trop contrôlant, apprenez à vous accorder des moments de détente et de plaisir. Acceptez de relâcher un peu le contrôle sur tous les détails pour avoir une meilleure maîtrise du mouvement d'ensemble. Et puis, ne soyez pas plus exigeant avec vous-même qu'avec les autres. À moins que vous ayez de bonnes raisons de vous considérer supérieur à eux, comme on applique un barème plus sévère aux professionnels qu'aux amateurs dans les épreuves sportives ouvertes aux deux catégories de sportifs ! Enfin, demandez-vous s'il est vraiment nécessaire de vouloir toujours tout contrôler.

> Est-il justifié d'être plus exigeant avec vous-même qu'avec les autres ?

Vous n'y arrivez pas par vous-même ?

N'hésitez pas à parler de votre problème autour de vous, à des proches de confiance. Non pas pour qu'ils vous donnent la solution, mais pour obtenir un autre éclairage et voir les choses autrement. Parfois il suffit d'énoncer un problème pour qu'il nous apparaisse tout d'un coup sous un autre jour. Les autres vous parleront peut-être des solutions qu'ils ont trouvées pour eux-mêmes dans des situations semblables.

Sachez toutefois qu'il faut beaucoup d'effort et de persévérance pour changer. Parfois un changement minime de comportement peut avoir de grandes répercussions et vous faire découvrir des horizons insoupçonnés. Mais n'ayez pas de honte à demander de l'aide, si vos efforts vous semblent trop difficiles ou insuffisants. Commencez par utiliser les lectures citées à la fin de l'ouvrage. Vous trouverez des ouvrages accessibles sur la timidité et l'affirmation de soi, sur l'estime de soi, sur le stress et le besoin de contrôle. En fin de compte, n'hésitez pas à consulter un spécialiste pour faire un bilan de votre problème et vous engager sur la voie du changement. Mais avant de commencer un traitement, quel qu'il soit, demandez au spécialiste qu'il vous livre son diagnostic et vous donne des informations précises sur la méthode qu'il utilise. Est-elle fondée scientifiquement ? En quoi consistera concrètement le traitement ? Combien de temps durera-t-il approximativement ? Combien cela vous coûtera-t-il ? Le traitement est-il remboursé ? Quels résultats peuvent être escomptés ? Si les réponses sont absentes ou floues sur un seul de ces points, méfiez-vous et demandez un temps de réflexion avant de donner suite à une proposition de traitement. Adressez-vous aux associations de professionnels mentionnées en fin d'ouvrage pour augmenter vos chances de trouver un thérapeute compétent et efficace.

L'ESSENTIEL À RETENIR

— Le problème de la personnalité anxieuse va au-delà de la peur de conduire.
— Êtes-vous évitant ? dépendant ? stressé ? trop contrôlant ?
— Un petit changement de comportement peut vous rapporter gros.
— Changer nécessite un effort persévérant.
— Utilisez les lectures recommandées.
— N'ayez pas de honte à demander de l'aide.
— Choisissez votre thérapeute avec soin.

La peur du passager

Il y a la peur de conduire, mais il existe aussi la peur d'être conduit. La peur dont il est question ici n'est pas la peur légitime déclenchée par une conduite réellement dangereuse (vitesse excessive, conduite non adaptée aux conditions, etc.). Cette peur est salutaire et doit inciter à demander au conducteur de modifier sa manière de rouler ou à descendre du véhicule.

La peur irrationnelle du passager est celle qui est non fondée ou disproportionnée compte tenu des conditions du trafic et du comportement du conducteur. Certaines personnes ont peur aussi bien lorsqu'elles conduisent que lorsqu'elles sont transportées. C'est ce qui se produit lorsque la peur est déclenchée par un contexte donné : vide, tunnels, embouteillages. Dans ce cas la peur est souvent moins intense lorsque le sujet est passager que lorsqu'il conduit. Les recommandations pour cette forme de peur sont les mêmes que pour la peur de conduire. Évaluez votre peur en établissant une liste complète des situations qui la déclenchent, de ses manifestations physiques et de vos scénarios catastrophe. Forgez vos outils antipanique puis prenez l'habitude de les utiliser en situation !

D'autres personnes n'éprouvent aucune peur au volant mais se sentent mal à l'aise dans la situation de passager. Le malaise est parfois perçu comme une véritable peur avec ses manifestations physiques typiques (oppression respiratoire, tensions musculaires, transpiration, etc.). Plus souvent, en particulier chez les hommes, la peur se traduit par de l'irritabilité et un comportement agressif vis-à-vis du conducteur (ou de la conductrice). L'agressivité anxieuse s'exprime par des critiques et des commentaires plus ou moins désobligeants sur sa manière de conduire, et par des ordres intempestifs qui ont surtout pour résultat de déstabiliser le conducteur : *Freine !... Dépasse !... Tiens ta droite !...*, etc. Ce type de peur est souvent associé à une difficulté à relâcher le contrôle et à le déléguer à autrui. Si vous vous reconnaissez dans ce tableau, voici quelques conseils qui pourront vous être utiles :

• Comportez-vous en passager et non en copilote : profitez du paysage ou de la conversation au lieu de suivre la situation avec les réflexes du conducteur.

• Identifiez la cause de votre agressivité : la peur.

• Demandez-vous si vos critiques et vos ordres augmentent ou diminuent votre sécurité.

• Apprenez à relâcher votre contrôle sur ce que vous ne pouvez pas contrôler : la conduite de votre partenaire, l'environnement. En revanche, gardez le contrôle sur ce qui dépend vraiment de vous : vos réactions, vos nerfs.

• Pour cela, n'hésitez pas à utiliser les outils antipanique, en particulier la vision grand angle ; prenez même l'habitude de fermer les yeux par instants et de vous abandonner à la sensation agréable de non-contrôle.

• Si votre besoin de contrôle ne se limite pas à la situation de passager mais se manifeste dans d'autres contextes, reportez-vous au paragraphe « Obligé de tout contrôler ? ».

Chapitre 4

Adaptez votre comportement au contexte

Les tunnels

La peur des tunnels est très répandue, y compris chez les personnes qui ne conduisent pas. Il existe dans la peur des tunnels une part rationnelle fondée sur le risque réel d'accident. Les catastrophes du tunnel du Mont-Blanc en 1999 (39 morts) et du Gothard en 2001 (11 morts) sont là pour le rappeler. Ces événements dramatiques sont impressionnants mais doivent être relativisés si on les compare aux 8 000 morts que le trafic routier provoque chaque année en France. Le risque perçu subjectivement est bien plus élevé pour les tunnels que pour la route en général. Si les gens s'abstenaient de rouler à hauteur de la peur et de l'évitement qu'ils manifestent vis-à-vis des tunnels, le trafic automobile serait bien moins dense sur nos routes ! Il existe une part irrationnelle dans la peur des tunnels qui, lorsqu'elle est prononcée, conduit à l'évitement de tous les tunnels. C'est de cette peur qu'il est question ici, celle qui oblige par exemple un père de famille à rallonger de plusieurs centaines de kilomètres sa route des vacances pour éviter la traversée d'un tunnel. Et qui l'expose ainsi à un risque accru d'accident, lui et les siens. Pour s'en faire une idée plus concrète, prenons l'exemple de Marco.

Quel est le problème ?

Marco a 38 ans, il est marié avec deux enfants, il est technicien dans une usine de produits chimiques. Ses problèmes commencent il y a trois ans alors qu'il se rend en Italie pour rendre visite à ses parents. Il est en train de traverser un tunnel alpin au volant de sa voiture, accompagné de sa femme et de ses enfants, lorsque soudainement, sans raison apparente, il est saisi d'une peur incompréhensible et de sensations physiques qui lui font craindre quelque chose de grave. Il se sent surtout oppressé et a de la peine à respirer. Il est envahi de confusion et de vertiges, sa vision est troublée, il est mouillé de transpiration. Pendant les deux ou trois kilomètres qui le séparent de la fin du tunnel, Marco s'accroche au volant comme à une bouée de sauvetage. Il se dit qu'il n'arrivera pas à sortir vivant du tunnel. Il s'efforce de conduire tant bien que mal, car non seulement tout arrêt est impossible dans le tunnel, mais l'idée de rester dans le tunnel lui est insupportable car il a l'impression d'étouffer. Arrivé à la sortie du tunnel, Marco constate que la route s'engouffre dans un autre tunnel environ un kilomètre plus loin. Épuisé par l'effort fourni pour garder le contrôle de lui-même et du véhicule pendant le tunnel, Marco s'arrête au bord de la route et dit à sa femme : *Je me sens mal, je ne peux pas continuer ainsi. Prends le volant et conduis-moi au premier hôpital !* Au service des urgences, les examens pratiqués ne révèlent aucun problème physique et les médecins posent le diagnostic de crise d'angoisse. Marco quitte l'hôpital avec un tranquillisant et la recommandation de consulter son médecin en cas de récidive. Comme la route conduisant jusque chez ses parents comprend encore de nombreux tunnels, Marco demande à son épouse de prendre le volant jusqu'à l'arrivée.

Auparavant, il n'a jamais eu le moindre problème pour effectuer ce trajet qu'il connaît bien, et n'a jamais ressenti de malaise ou d'angoisse dans les tunnels ni dans tout autre situation. En revanche, à partir de ce jour-là, Marco évite systématiquement de traverser en voiture les tunnels d'une certaine longueur (plus de deux à trois kilomètres), y compris les tunnels routiers alpins qu'il a traversés pendant des années pour rendre visite à sa famille en Italie. Lorsqu'il projette un déplacement en voiture sur un trajet inconnu, il étudie soigneusement la carte afin de repérer tous les tunnels d'une certaine importance. Ceux-ci sont systématiquement évités au prix parfois de grands détours ou de passages par les cols. Lorsqu'il est impossible d'éviter un long tunnel, Marco préfère renoncer au déplacement.

La peur de paniquer dans un endroit fermé

Vous avez certainement reconnu dans l'épisode aigu de Marco une panique spontanée avec son cortège de sensations déplaisantes et son scénario catastrophe centré sur la peur de rester enfermé dans le tunnel et de suffoquer. Par peur de vivre à nouveau l'expérience terrifiante d'une panique dans un tunnel, Marco préfère éviter ceux-ci, même s'il lui en coûte beaucoup.

Que faire ?

Le traitement de la peur des tunnels applique les principes énoncés tout au long de ce livre :

- Acquérir les outils permettant de maîtriser la panique.
- S'exposer méthodiquement et progressivement aux tunnels.

La capacité de maîtriser et de prévenir la panique se base sur trois éléments :

- Interpréter correctement les sensations physiques d'alerte.
- S'habituer à ces sensations et les contrôler méthodiquement.
- Apprivoiser les scénarios catastrophe.

La peur des tunnels présente certains caractères particuliers, ce qui nécessite un ajustement des techniques antipanique pour qu'elles répondent au mieux à la situation.

Contrôlez votre respiration

Lorsqu'on est enfermé, on a peur avant tout de manquer d'air, d'étouffer. Les manifestations respiratoires de la peur sont au premier plan, et en premier lieu les conséquences de l'hyperventilation.

Qu'on s'en rende compte ou non, on respire toujours trop quand on a l'impression de manquer d'air dans un endroit fermé. Dans le cas de Marco, l'oppression respiratoire, la confusion et les vertiges sont typiquement des conséquences de l'hyperventilation. La solution est de réinterpréter correctement ces sensations, s'habituer à elles par exposition et les contrôler par la respiration en carré par le nez et le ventre.

Contrôlez votre manière de regarder

Une autre caractéristique de la peur des tunnels est qu'on n'y cherche pas seulement l'air, mais la lumière. La vision est hyperfocalisée par la peur et par l'effort de scruter à tout prix l'extrémité du tunnel pour en guetter la fin. Gardez donc le contrôle de votre manière de regarder pour éviter les sensations déplaisantes dues à l'hyperfocalisation. Restez le plus souvent en vision défocalisée, légèrement floue, dirigée vers le lointain, sans rester hypnotisé par la fin du tunnel. Ne vous accrochez pas non plus du regard aux détails du tunnel comme à une bouée de secours, car cela vous obligerait à une gymnastique d'accommodation visuelle permanente qui augmenterait votre tournis et votre anxiété ! Pour ne pas vous fatiguer visuellement et garder le contrôle visuel, la vision défocalisée doit être périodiquement interrompue par des coups d'œil brefs focalisés sur le rétroviseur, l'indicateur de vitesse, un panneau indicateur, la voiture roulant devant vous, etc.

Contrôlez vos tensions musculaires

La traversée d'un tunnel en voiture impose une certaine immobilité pour une durée plus ou moins prolongée. Les tunnels sont en principe de longs tronçons où il y a peu de mouvements corporels. Cela favorise une certaine raideur musculaire qui, ajoutée aux répercussions musculaires de la peur, peut amener des manifestations gênantes : crispations excessives, tremblements, jambes et bras en coton. Par conséquent, contrôlez vos tensions musculaires. Comme le volant est peu sollicité dans les tunnels, le pétrissage du volant est un bon moyen de réguler le tonus musculaire et d'éviter l'amorce d'une panique à partir de sensations musculaires.

Soyez actif pour ne pas trouver le temps long !

La traversée d'un tunnel ne dure pas indéfiniment. La plupart des tunnels routiers sont traversés en quelques minutes, au plus 15 minutes pour les plus longs d'entre eux. Bien sûr c'est long lorsque l'on se sent mal, d'autant que la peur dilate la sensation du temps. Néanmoins, rappelez-vous que vous serez très occupé si vous vous appliquez à utiliser vos outils antipanique pendant la traversée du tunnel. Vous trouverez le temps moins long !

Le scénario catastrophe

Familiarisez-vous avec vos craintes les plus profondes en utilisant la technique de la flèche descendante pour pratiquer l'immersion en imagination. Faites-le à domicile. Lorsque vous traversez un tunnel, il faut avant tout garder le contrôle de votre corps. Consacrez toute votre attention au contrôle des sensations physiques respiratoires, visuelles et musculaires.

Entraînez-vous progressivement à traverser des tunnels

Une fois que vous maîtrisez bien les outils antipanique, utilisez-les pour vous exposer à de petits tunnels pour commencer, avant d'augmenter progressivement la longueur des tunnels. S'il n'existe pas de tunnels à proximité, vous pouvez vous entraîner en utilisant des endroits fermés représentant une certaine analogie avec les tunnels. Exercez-vous à rester un certain temps dans des endroits fermés : ascenseur, cave, tunnel de lavage pour voitures, dessous de lit, etc. Mettez votre imagination et vos proches à contribution pour trouver des substituts de tunnels qui vous servent de terrain d'entraînement pour la confrontation aux véritables tunnels !

L'ESSENTIEL À RETENIR

— Gardez le contrôle de votre corps.
— Respirez en carré par le nez et par le ventre.
— Regardez dans le lointain sans focaliser, un peu flou.
— Jetez périodiquement un coup d'œil focalisé.
— Pétrissez le volant.

Les rues étroites et les embouteillages

La peur des rues étroites et celle des embouteillages sont des variantes de la peur de se retrouver enfermé, dont la peur des tunnels est la forme la plus typée et la plus sévère. La peur y est généralement moins aiguë car le contexte est moins propice que le tunnel au scénario catastrophe de l'étouffement. Même dans les rues les plus étroites et encombrées, même dans les embouteillages les plus bloqués, l'accès à l'air libre reste possible et la vue est plus ou moins dégagée. Il est en outre plus facile de mouvoir son corps dans ce contexte que lorsqu'on traverse un tunnel.

Que faire ?

L'histoire de Michel, relatée dans le troisième chapitre de l'ouvrage, montre en détail les problèmes dus à la peur de conduire dans les rues étroites et dans les embouteillages, ainsi que le traitement effectué. Les consignes sont les mêmes que pour la peur des tunnels. La peur est souvent moins intense que dans la peur des tunnels, et l'exposition est aussi plus facile à pratiquer. Dès lors, les résultats sont généralement plus rapidement favorables que pour la peur des tunnels.

Les ponts, les viaducs et les routes de montagne

Les ponts et les viaducs sont des voies resserrées, des passages obligés. La peur de traverser les ponts et les viaducs se rattache donc pour une part, comme celle des tunnels et des embouteillages, à la peur de se sentir mal dans un endroit fermé. Mais la peur des ponts inclut aussi la peur du vide. Les viaducs suscitent une peur plus grande que les ponts en raison de leur longueur. La peur des routes de montagne se classe quant à elle uniquement du côté de la peur du vide.

Que faire ?

Pour la peur des ponts et des viaducs, appliquez aussi bien les consignes données pour la peur d'être enfermé que celles destinées à la peur du vide. Pour un rappel sur ces consignes, reportez-vous au chapitre de l'ouvrage intitulé « Forgez vos outils antipanique » et aux traitements de Michel et de Nicole relatés dans le troisième chapitre.

Contrôle visuel

La peur du vide s'accompagne souvent d'une sorte d'agrippement du regard au bord du pont ou à l'espace situé au-delà. Ce processus d'hyperfocalisation déclenche des sensations vertigineuses qui augmentent la peur. Pour éviter cela, regardez devant vous, à hauteur des yeux et non de côté, ni au-dessus ni au-dessous. N'écarquillez pas les yeux pour chercher l'extrémité du pont mais laissez votre regard flotter librement dans le lointain, avec un léger flou. Auparavant, il faut bien sûr s'être entraîné à ce type de vision en dehors des ponts. Lorsque vous traversez un viaduc, c'est-à-dire un pont très long, la même consigne s'applique, mais il faut interrompre périodiquement la défocalisation par de brefs coups d'œil focalisés, par exemple sur le rétroviseur ou le compteur de vitesse. De la même manière, sur les routes de montagne, regardez assez en avant de votre route, à l'horizontale. Ne regardez pas la montagne qui borde la route ni le vide à côté de vous, cela provoquerait une sensation de vertige.

Contrôle musculaire

La peur d'être attiré par le vide est en partie due à une sensation de légèreté et de flottement d'origine musculaire. Entraînez-vous à susciter et contrôler ces sensations par l'imagination et le pétrissage. Sur les routes de montagne, concentrez-vous sur la vision défocalisée et la respiration par le nez et par le ventre.

Exposition au vide

Allez-y progressivement. Commencez l'exposition chez vous, à l'intérieur, puis à l'extérieur en vous rendant à pied sur des terrasses élevées, sur le clocher de la cathédrale puis sur des ponts. Transférez ensuite progressivement la capacité de côtoyer le vide au volant.

Les endroits éloignés, les longues distances

Quel est le problème ?

La peur de s'éloigner a quelque parenté avec la peur du vide. M'éloigner, c'est risquer d'être perdu dans un vaste espace où je me retrouverai seul et démuni si je me sens mal. Ce problème se rencontre surtout lorsque la peur de conduire est associée à l'agoraphobie, en particulier l'agoraphobie sévère. L'éloignement implique la capacité de se détacher des figures de sécurité, lieux et personnes, et d'emporter à l'intérieur de soi ses figures de sécurité. L'agoraphobie sévère peut trouver ses racines dans des difficultés très anciennes centrées sur la question de l'attachement et du détachement vis-à-vis des figures protectrices, en particulier la mère, et notamment le passage de l'attachement physique à un attachement psychique, plus virtuel. Des perturbations dans cette phase cruciale du développement de la personnalité peuvent se traduire à l'âge adulte par de grandes difficultés à acquérir une véritable autonomie.

Que faire ?

Si vous avez l'impression de vous retrouver dans cette description, il est probable que vous aurez besoin de l'aide d'un thérapeute pour progresser vers davantage d'autonomie. Cela ne doit cependant pas vous dissuader d'essayer d'abord d'augmenter votre espace de liberté par vous-même. Et heureusement, toutes les agoraphobies n'ont pas des racines si profondes. Beaucoup peuvent se traiter par la méthode proposée ici. Le principe est toujours le même :

- Prévenir et maîtriser la panique.
- Vous exposer méthodiquement et régulièrement aux situations évitées, ici les lieux éloignés de votre zone de sécurité.

Utilisez l'ensemble des outils antipanique, et plus particulièrement ceux qui sont adaptés à vos sensations déplaisantes. Respectez la règle de la progressivité de l'exposition. Dans la mesure du possible, planifiez vos déplacements et leur progression en fonction de buts concrets. Par exemple, fixez-vous comme objectif d'être capable de vous rendre à tel endroit parce que vous pourrez ainsi faire vos courses sans dépendre de quelqu'un, ou à tel autre parce que cela vous permettra de rendre visite à un ami que vous ne voyez plus très souvent à cause de la peur de conduire.

L'autoroute

La peur de l'autoroute est probablement la peur de conduire la plus répandue. Cela se comprend car l'autoroute cumule des caractéristiques que nous retrouvons de manière isolée dans la peur des tunnels, celle des ponts, celle des lieux éloignés et celle des routes de montagne. C'est ainsi qu'à l'image des tunnels et des ponts, l'autoroute est un lieu fermé dans la mesure où une fois qu'on y est entré, on ne peut pas en sortir avant un certain temps, les sorties se trouvant parfois à une grande distance les unes des autres. L'autoroute active la peur d'être enfermé chez les personnes sujettes à cette peur. L'autoroute, c'est aussi une voie ouverte puisqu'elle conduit à grande vitesse vers des espaces très éloignés. C'est d'ailleurs pour cela qu'elle a été construite. Comme les ponts, les viaducs et les routes de montagne, l'autoroute expose le conducteur à des surplombs, des précipices ou de grandes étendues vides s'étendant devant soi, sous ses pieds ou à côté. Tout cela favorise l'émergence de scénarios catastrophe chez les personnes sujettes à la peur du vide et des grands espaces : peur de se retrouver perdu, loin de tout, voire emportés. La vitesse élevée ajoute un degré supplémentaire à la notion de danger.

Quel est le problème ?

Le début est insidieux chez certaines personnes, notamment les personnes âgées. Il s'installe progressivement une insécurité, un manque de confiance en soi, dans sa capacité d'être à la hauteur, d'avoir les bonnes réactions, d'être assez rapide. Le cas de Robert illustre ce sentiment d'être dépassé par les événements. Peu à peu l'autoroute est évitée jusqu'à être complètement délaissée. Chez d'autres personnes au contraire le début est brutal, faisant suite à une panique ou à un accident.

Que faire ?

Dans le cas de la personne âgée, il est difficile de refaire le chemin perdu lorsque l'évitement a pris le dessus. L'âge s'accompagne d'un ralentissement physique et mental qui, lorsqu'il est assez avancé, n'est plus compatible avec les exigences de la conduite sur l'autoroute. Dans ce cas, il est sage de l'admettre et d'en tirer les conséquences. Mieux vaut renoncer à l'autoroute et conserver la capacité de conduire sur les autres routes plutôt que risquer la panique qui peut conduire à une peur de conduire généralisée. Dans certains cas toutefois, lorsque l'évitement de l'autoroute n'est pas total ou ne dure pas depuis trop longtemps, cela vaut la peine d'essayer de surmonter la peur avec l'aide des outils antipanique et en faisant appel à un partenaire, parent ou ami de confiance, moniteur de conduite ou thérapeute, pour s'exposer graduellement à des trajets sur l'autoroute.

Le principe du traitement est celui que nous avons exposé tout au long de cet ouvrage :

- Évaluer le problème et se fixer des objectifs réalistes.
- Forger les outils antipanique.
- S'exposer progressivement à la conduite sur l'autoroute en utilisant ces outils pendant les séances d'exposition.

Le contrôle visuel est probablement la consigne la plus importante. L'hyperfocalisation due à la peur a des conséquences très négatives lorsqu'on roule sur l'autoroute :

- Avoir les yeux rivés sur l'avant de la voiture ou sur les bords de la chaussée provoque une sensation de vertige visuel pénible.
- La vision défocalisée est étroite et courte, ce qui peut amener une conduite non pas rectiligne mais zigzagant entre la partie droite et la partie gauche de la chaussée, ou restant collée à droite ou à gauche de la voie.

La marge de sécurité est diminuée par une telle conduite. De manière générale et plus particulièrement sur l'autoroute, la sécurité exige un champ de vision étendu, aussi bien en profondeur qu'en largeur. Regardez la plupart du temps devant vous, loin et un peu flou. Périodiquement, toutes les 10 secondes environ, focalisez en jetant un coup d'œil précis et furtif sur un élément significatif de l'environnement : rétroviseur, voiture qui vous précède, compteur de vitesse, etc.

L'ESSENTIEL À RETENIR

— L'autoroute est le lieu de toutes les peurs.
— Avec l'âge, il vaut parfois mieux renoncer à l'autoroute et conduire ailleurs.
— Regardez au loin et un peu flou.
— De temps en temps, un coup d'œil rapproché.

Les intempéries et la nuit

Certaines personnes ont peur de conduire la nuit ou lorsque les conditions sont rendues difficiles par la pluie, la neige ou le vent. Comme pour toutes les peurs, il existe un fondement rationnel à la peur de conduire lorsque les conditions sont défavorables. La visibilité est moins bonne, le risque de dérapage est plus grand, les distances de freinage sont augmentées. Tout cela accroît le risque de perte de contrôle et d'accident. Cependant ajuster la manière de conduire aux conditions permet de conserver un degré de sécurité raisonnable. La peur dont il est question ici est la peur irrationnelle disproportionnée aboutissant à des précautions exagérées qui, paradoxalement, mettent en danger la sécurité par leur excès.

Quel est le problème ?

Il est illustré par l'histoire d'Hélène, qui a 62 ans, est veuve, sans enfant. Elle est dentiste indépendante et son cabinet se trouve en ville alors qu'elle habite dans un village de la campagne environnante. Depuis la mort de son mari, il y a six ans, elle se rend compte qu'elle n'aime pas conduire en général, et qu'elle a franchement peur de prendre le volant dès qu'il pleut ou neige, de même que la nuit. Il est vraisemblable que le problème est antérieur à la mort de son mari. Cependant, tant que celui-ci vivait, c'est lui qui prenait le volant le plus souvent, ne supportant pas d'être conduit. Hélène ne prenait la voiture qu'occasionnellement, lorsque son mari ne pouvait pas l'accompagner. Il conduisait chaque matin Hélène à son cabinet avant de se rendre à son propre bureau. Depuis la mort de son mari, Hélène utilise la voiture pour se rendre à son travail et pour quelques déplacements, notamment lorsqu'elle part en vacances en été. En revanche, elle se sent peu sûre d'elle la nuit et lorsque la chaussée est mouillée, et pas du tout sûre lorsqu'il neige. Dans ce cas elle s'abstient complètement de conduire, même lorsque la neige ne tient pas sur la route. Lorsqu'il pleut, Hélène roule très lentement, ne dépassant pas les 30 km/h en ville, les 40-50 km/h sur les routes de campagne. Elle craint de perdre le contrôle ou de déraper au cas où elle devrait freiner brusquement, et pense diminuer ce risque en roulant très lentement. Elle roule très lentement pour une autre raison encore. Elle écarquille les yeux comme pour mieux débusquer tous les dangers qui pourraient surgir sur sa route. Dans notre langage, on dit qu'elle hyperfocalise constamment. Par temps de pluie ou de neige, c'est une tâche qui demande une énergie énorme. Il faut focaliser sur l'environnement qui se renouvelle sans cesse. En plus, il faut le faire à travers un rideau de pluie ou de neige qui devient lui-même objet de focalisation. Une telle dépense d'énergie se fait au détriment de l'attention générale, et on comprend que dans ces conditions la sécurité de la conduite ne peut être assurée qu'en roulant excessivement lentement. L'inconvénient, c'est qu'une vitesse très réduite diminue la sécurité lorsqu'on roule parmi d'autres véhicules qui, eux, roulent à une vitesse normale. Hélène, lorsqu'elle conduit à vitesse d'escargot en ville ou à la campagne, se fait sans arrêt klaxonner par d'autres conducteurs furieux d'être ralentis dans leur déplacement ou de rater le feu vert. Les klaxons rendent Hélène encore plus anxieuse et tendue, elle est sur les nerfs et focalise encore plus sa vision, ce qui aggrave la situation. Finalement, elle préfère de plus en plus laisser sa voiture à la maison lorsqu'il pleut, même si ça lui complique la vie puisqu'il lui faut appeler un taxi ou se lever quarante minutes plus tôt pour prendre le bus du matin.

Que faire ?

Il y a deux comportements problématiques à corriger :

- La croyance selon laquelle le moindre freinage fait perdre le contrôle par mauvais temps, et qu'en conséquence il faut rouler très lentement pour ne pas avoir à freiner.
- L'hyperfocalisation visuelle, conséquence et en même temps cause de la peur.

Pour ce qui est du premier point, la meilleure manière de corriger une croyance problématique est de tester sa validité en la mettant à l'épreuve des faits.

— Avez-vous la preuve qu'il est très risqué d'effectuer le moindre freinage par temps de pluie ou de neige ?

— Je n'ai peut-être pas la preuve, mais je le pense et je préfère ne pas avoir à freiner en catastrophe !

— Je comprends bien qu'il est préférable d'éviter de freiner en catastrophe comme vous dites. Mais seriez-vous d'accord que nous testions votre croyance selon laquelle il est toujours dangereux de freiner sur une chaussée mouillée ?

— Vous voulez me pousser à provoquer un accident ?

— Ce n'est pas mon intention, bien sûr. Mais si j'ai bien compris, vous souffrez d'être obligée de conduire comme un escargot par temps de pluie, n'est-ce pas ?

— C'est vrai, c'est pour cela que je suis ici.

— Or une des raisons pour lesquelles vous roulez très lentement est que vous pensez que vous ne pouvez pas vous permettre de freiner sans risquer l'accident. C'est bien ça ?

— C'est ça.

— Si vous évitez à tout prix de freiner par temps de pluie, vous ne pouvez pas vérifier que le freinage est dangereux, ni qu'il ne l'est pas.

— Je le reconnais.

— La conséquence est que vous continuez à éviter de freiner sans avoir la preuve que cela soit vraiment nécessaire. Par contre, vous avez la preuve que cela vous pose des problèmes avec les autres conducteurs.

— C'est vrai.

— Ne vaudrait-il pas mieux que vous en ayez le cœur net une fois pour toutes ? Ou bien votre croyance est fondée, il est vraiment excessivement dangereux de freiner par temps de pluie, et votre attitude est tout à fait justifiée. Ou bien elle ne l'est pas, et vous pourrez vous permettre de conduire un peu plus vite sans être hantée par l'accident à la seule idée de devoir freiner. Qu'en pensez-vous ?

— Vous avez raison, mais comment faire ?

— Pensez-vous que les autres conducteurs freinent lorsqu'il pleut ? Est-ce que vous vous souvenez s'il arrivait à votre mari de freiner par temps de pluie ?

— Je n'ai pas de souvenir précis, mais je pense que oui.

— Y aurait-il une raison pour que vous soyez la seule conductrice de toute la ville à ne pas freiner par temps de pluie ?

— Je sais bien que mon idée ne tient pas debout, mais c'est plus fort que moi !

— Une manière d'avancer serait que nous fassions la prochaine séance en voiture, un jour de pluie. Nous pourrons ainsi tester ensemble votre croyance. Je suis moi-même intéressé à tirer les choses au clair. Êtes-vous d'accord d'essayer ?

— Si vous êtes avec moi, je suis d'accord.

— Non seulement je serai avec vous mais si vous le voulez c'est moi qui testerai en premier les conséquences du freinage sur chaussée mouillée. Cela vous convient ?

— Tout à fait.

Une quinzaine de jours plus tard, par un matin de novembre pluvieux, Hélène et le thérapeute se retrouvent sur un vaste parking en plein air, sans grand trafic. Le thérapeute prend le volant et effectue quelques freinages doux, qui sont sans conséquences ni pour les passagers ni pour la voiture ni pour l'environnement. Il propose ensuite à Hélène de faire de même. Celle-ci se montre toute surprise de constater qu'il est possible de freiner sans provoquer de perte de contrôle. Le thérapeute reprend le volant et se dirige à l'extérieur de la ville. Sur le chemin, il montre à Hélène qu'il est également possible de freiner à une vitesse un peu plus élevée sur la route mouillée, sans provoquer aucun écart de la voiture. Hélène essaie à son tour, d'abord très prudemment, puis de plus en plus franchement. Finalement, mise en confiance, elle s'enhardit sur une route peu fréquentée à rouler à 50-60 km/h puis à freiner, puis à reprendre de la vitesse, puis à freiner à nouveau, etc. À ce moment de l'expérience, le thérapeute se rend compte qu'Hélène n'utilise presque jamais le changement de vitesse comme moyen de diminuer la vitesse, mais exclusivement le frein. Il lui propose alors de tester le frein moteur, qui assure dans certaines situations, en particulier les virages, un meilleur contrôle du véhicule que le freinage.

C'est l'épreuve de la réalité qui a permis à Hélène de tester sa pensée sur le risque absolu du freinage en cas de pluie, et de constater qu'elle était erronée. Cela lui a permis d'en adopter une autre : *Dans certaines limites il est possible de freiner sans risque même sur une chaussée mouillée ; par conséquent il m'est possible dans ces conditions de rouler à vitesse modérée (50-60 km/h) ; ainsi je ne roule pas comme un escargot et j'évite d'être rendue encore plus tendue par l'énervement des autres conducteurs*. Bien entendu, ce nouveau comportement d'Hélène a dû être répété pour être acquis solidement et durablement. Pour être complet, il faut ajouter que si le traitement a permis à Hélène de rouler par temps de pluie à une vitesse compatible avec le trafic, il a été impossible à Hélène de reprendre le volant par temps de neige. La raison probable de cet échec est que d'une part l'évitement a duré trop longtemps, que d'autre part il ne neige pas assez souvent dans la ville d'Hélène pour qu'elle s'expose régulièrement à cette situation. Le thérapeute et Hélène sont toutefois arrivés à la conclusion que le résultat obtenu constituait une amélioration significative par rapport à l'état antérieur.

Le freinage d'urgence est efficace pour dissiper une crainte irrationnelle des conséquences néfastes du freinage. Il consiste à freiner carrément et brusquement en cas de nécessité. Entraînez-vous dans un environnement qui s'y prête : route de campagne déserte, parking sans trafic, etc. Il peut être pratiqué de manière répétée et en augmentant à chaque fois le caractère brusque du freinage. Il permet au conducteur de prendre conscience qu'il est possible, en cas de nécessité et si vous roulez à une vitesse raisonnable, de freiner brusquement sans provoquer de catastrophe.

Quant à l'hyperfocalisation visuelle, elle doit être corrigée par la technique de défocalisation entrecoupée de courtes focalisations, qui fait partie des outils antipanique.

La peur de rouler la nuit a aussi à faire avec l'hyperfocalisation visuelle. Si vous vous sentez peu sûr de rouler la nuit en raison de la visibilité diminuée, vous avez deux raisons d'hyperfocaliser :

- la peur,
- la recherche de repères visuels.

Or il est difficile de focaliser dans la nuit, faute d'objet sur lequel fixer votre attention visuelle. Vous risquez de passer votre temps à chercher des repères impossibles à trouver dans la nuit. Au lieu de cela, apprenez à défocaliser la nuit, d'abord dans des conditions obscures hors de la situation de la conduite, chez vous, dans une pièce plongée dans l'obscurité ou à la cave, puis à l'extérieur, et enfin au volant. Ne focalisez que de temps en temps, brièvement. Utilisez pour cela des repères internes à la voiture et les repères lumineux externes qui se présentent à votre vue, comme les panneaux de circulation.

L'ESSENTIEL À RETENIR

— Testez vos croyances dans la réalité.
— Les intempéries nécessitent d'ajuster la conduite.
— Utilisez le frein moteur et le freinage d'urgence.
— Ne cherchez pas à focaliser excessivement.

Conclusion

Pour nous épanouir, nous avons besoin à la fois d'être autonomes et d'aller vers l'autre. Il s'agit d'exigences contradictoires mais tout aussi indispensables l'une que l'autre à notre équilibre. L'automobile a pris une place énorme dans nos vies depuis son invention il y a plus d'un siècle. Ne le doit-elle pas en partie au fait que, peut-être plus que toute autre innovation technique du monde moderne, elle nous donne le sentiment de l'indépendance aussi bien que la capacité de rejoindre ceux qui vivent loin de nous ? La peur irrationnelle de conduire est une réalité encore trop peu connue et trop peu reconnue. Pourtant elle peut être source de complications voire d'entraves graves à la vie quotidienne lorsqu'elle empêche ou rend très difficiles des actions aussi essentielles que se rendre à son travail ou l'effectuer, garder le contact avec la famille et les amis, ou encore partir en vacances.

Des exemples nés de mon expérience thérapeutique avec des personnes souffrant de la peur de conduire, ce livre raconte la rencontre entre une demande et une méthode de traitement. La demande, c'est celle d'hommes et de femmes se rebellant contre l'emprise de la peur de conduire sur leur vie quotidienne, et consultant lorsqu'une difficulté sociale majeure surgit : impossibilité d'obtenir une promotion professionnelle ou de rendre visite à la famille, de mener une vie sociale, apparition d'une dépendance gênante vis-à-vis d'un tiers pour le moindre déplacement. La méthode de traitement, c'est la thérapie cognitive et comportementale, une forme de psychothérapie qui remonte pour certains de ses aspects à l'Antiquité gréco-romaine mais dont les développements scientifiques et la preuve de l'efficacité sont plus récents puisqu'ils datent des vingt dernières années. Le traitement doit tenir compte des particularités et des exigences propres à la conduite automobile. Cela implique que le thérapeute et le patient fassent preuve d'imagination pour transposer à la peur de conduire des techniques mises au point à l'origine pour d'autres contextes. Ce travail d'adaptation et de création est une entreprise passionnante, personnelle et donc chaque fois unique. J'espère avoir réussi à faire passer dans ces pages un peu du style, du climat et de l'émotion caractéristiques de ces traitements. J'espère aussi avoir montré qu'à condition de faire preuve de motivation et de persévérance, on peut venir à bout de la peur de conduire et retrouver une qualité de vie meilleure.

Ce livre est basé sur un pari. Il consiste à supposer que les principes appliqués dans un traitement comprenant un thérapeute et un patient soient applicables dans une démarche où le patient est à la fois le patient et son propre thérapeute. Il y a de bonnes raisons de penser que cela est vrai dans un certain nombre de cas. À vous de vous lancer dans l'aventure en utilisant cet ouvrage comme un guide. Et rappelez-vous que la patience et la persévérance sont les meilleurs gages de la réussite !

Si la tâche vous semble trop ardue, soit que votre peur est trop ancrée, ou liée à d'autres difficultés, ne vous découragez pas ! Utilisez le livre pour mieux comprendre votre problème, et pourquoi pas mieux le faire comprendre à vos proches, et faire appel aux ressources susceptibles de vous aider et qui sont recensées dans le livre.

Annexe

Pour aller plus loin

Vous cherchez des lectures accessibles sur…

➤ La peur de conduire

À notre connaissance, il n'existe pas de texte consacré spécifiquement à la peur de conduire, à part quelques articles scientifiques en anglais. Si ceux-ci vous intéressent, lancez une recherche grâce à *PubMed* (voir à la fin de cette partie).

➤ Les peurs et les phobies

• ANDRÉ C. et MUZO, *Petites angoisses et grosses phobies*, Paris, Seuil, 2002.

Un tour d'horizon complet et illustré.

• MARKS I., *Vivre avec son anxiété*, Montréal, Le Jour, 1989.

Marks, un pionnier de la thérapie par l'exposition, présente l'application de la méthode à divers problèmes, et surtout les phobies.

➤ La panique et l'agoraphobie

• EMERY J.-L., *Surmontez vos peurs. Vaincre le trouble panique et l'agoraphobie*, Paris, Odile Jacob, 2000, nouvelle édition 2002.

Des explications claires, des conseils et des exercices pratiques. Utile si votre peur de conduire est liée à l'agoraphobie.

➤ Les suites psychologiques d'un accident

• SABOURAUD-SÉGUIN A., *Revivre après un choc. Comment surmonter le traumatisme psychologique*, Paris, Odile Jacob, 2001.

Livre destiné aux personnes faisant face aux suites psychologiques difficiles d'un traumatisme. Des explications et des conseils pratiques. Liste d'adresses et références très complètes. Si votre peur de conduire fait suite à un accident.

➤ Le manque de confiance en soi

• CUNGI C., *Savoir s'affirmer*, Retz, Paris, 1998.

• FANGET F., *Affirmez-vous, pour mieux vivre avec les autres*, Paris, Odile Jacob, 2001.

Deux manuels d'affirmation de soi bien faits. Nombreux exemples. Si votre manque de confiance au volant est un aspect d'un manque de confiance plus général.

• ANDRÉ C., LELORD F., *L'Estime de soi*, Paris, Odile Jacob, 1999.

L'estime de soi est une valeur qui se construit patiemment tout au long de la vie. Les auteurs en expliquent les fondements et indiquent des directions pour l'améliorer. Si votre manque de confiance remonte à longtemps et se manifeste dans beaucoup de domaines y compris dans la peur de conduire.

➤ Le besoin de contrôle

• EPICTÈTE, *Manuel*, Mille et Une nuits, 1995.

Le premier « guide pour s'aider soi-même » a deux mille ans. L'auteur nous dit dès la première ligne qu'il ne sert à rien de vouloir contrôler ce qui ne dépend pas de nous, mais qu'il faut accorder tous ses efforts à ce qui dépend de nous. Epictète est un ancien esclave devenu philosophe qui a vécu en Grèce et à Rome il y a deux mille ans. La thérapie cognitive lui doit beaucoup.

➤ La thérapie comportementale et cognitive (TCC)

• COTTRAUX J., *Les Thérapies cognitives. Comment agir sur ses pensées*, Paris, Retz, 2001.

Dans un style incisif et imagé, l'auteur décrit les fondements et la pratique de la TCC et plus particulièrement de sa dimension cognitive, qui s'attache à amener à la conscience et corriger les modes de pensée erronés.

Vous cherchez des références scientifiques

• BARLOW D., *Anxiety and its Disorders. The Nature and Treatment of Anxiety and Panic*, New York, Guilford, 2002.

David Barlow est un psychologue américain qui a beaucoup fait avancer la recherche et le traitement de l'anxiété. On lui doit notamment la notion de fausse alerte comme modèle de compréhension de l'anxiété, et l'importance du rôle joué par les sensations physiques dans la panique. Informations très approfondies sur l'anxiété et son traitement.

• COTTRAUX J., *Les Thérapies comportementales et cognitives*, Paris, Masson, 2001.

Dans un style clair et direct, un tour d'horizon complet des principes de la thérapie comportementale et cognitive et des problèmes traités par cette méthode. L'ouvrage, rédigé par un des chefs de file français de la TCC, en est à sa troisième édition et connaît toujours autant de succès auprès des thérapeutes.

• MARKS I., *Fears, Phobias and Rituals. Panic, Anxiety and their Disorders*, Oxford, Oxford University Press, 1987.

Informations très complètes sur les mécanismes de la peur et de l'anxiété, y compris leurs racines biologiques et animales.

Vous cherchez un thérapeute pratiquant la TCC

• AFTCC, *Association française de thérapie comportementale et cognitive* — 100, rue de la Santé, 75674 Paris Cedex 14, www.aftcc.fr, Email aftcc@wanadoo.fr

Regroupe des soignants pratiquant la thérapie comportementale et cognitive, l'AFTCC peut vous fournir les coordonnées de thérapeutes pratiquant dans votre région ainsi que dans d'autres pays (Suisse, Grèce, Portugal, etc.).

• AFFORTHECC, *Association francophone de formation et de recherche en thérapie comportementale et cognitive* — 10, avenue Gantin, 74150 Rumilly. www.afforthecc.com, Email afforthecc@aol.com

L'AFFORTHECC dispose également d'un annuaire de thérapeutes dans les pays francophones (France, Belgique, Suisse, Canada, Luxembourg, Maroc).

Associations nationales de TCC

• En Belgique : AEMTC, *Association pour l'étude et la modification du comportement* — 36, rue du Jardin Botanique, 4000 Liège.

• Au Canada : ASCM, *Association scientifique pour la modification du comportement* — 7401 Hochelaga, Montréal H1N 3M5.

• En Suisse : ASPCo, *Association suisse de psychothérapie cognitive* — Secrétariat Aspco : En Combes — 1184 Luins, aspco. ch, Email aspcosecretariat@bluewin.ch, Tél. : 021 8243171.

Vous cherchez de l'aide auprès d'un spécialiste de l'automobile

Certains moniteurs d'auto-école sont sensibilisés au problème de la peur de conduire. Contactez le responsable de l'association des moniteurs de votre région pour obtenir des adresses. À ce jour, les automobiles club n'organisent pas d'activités destinées aux personnes souffrant de la peur de conduire. Leur seule activité dans le domaine est la mise sur pied de cours de conduite en situation difficile (pluie, neige, glace). Ces cours vous seront utiles si votre peur est limitée à ces conditions.

• En France : *Automobile Club, Fédération française* — 8, place de la Concorde, 75008 Paris. Tél. : 01 53 30 89 30. Fax : 01 53 30 89 29.

• En Belgique : *Royal Automobile Club de Belgique RACB* — rue d'Arlon 53, 1040 Bruxelles.

• Au Canada : *Association canadienne des automobilistes CAA Québec* — 444, rue Bouvier, Québec QC G2J 1E3.

• En Suisse : *Automobile Club de Suisse* — 39, Wasserwerkgasse, 3000 Berne ou *Touring Club suisse* — Sécurité routière, 4, Chemin Blandonnet, 1214 Vernier/Genève.

Vous cherchez des informations sur Internet

Il est difficile de donner ici des adresses Internet tant les informations sont foisonnantes et rapidement changeantes. Le plus intéressant pour vous est peut-être de participer à un forum de discussion où vous pourrez trouver des recommandations de lectures, partager vos expériences, recevoir des avis et conseils, y compris de spécialistes compétents sur certains sites. Trois forums francophones consacrés aux peurs, aux phobies et à la panique : alaphobie.com, psychomedia.qc.ca/pn, psychodoc.free.fr

Enfin, *PubMed* recense les articles scientifiques publiés dans le monde entier sur tous les sujets. À partir des mots clés que vous entrez, vous obtenez la liste des articles publiés et souvent un résumé de l'article. Attention, les publications scientifiques sont pour la plupart rédigées en anglais. Pour la peur de conduire, entrez comme mot clé « driving phobia ». Adresse Internet : www.ncbi.nhm.nih.gov/PubMed.

Remerciements

Je tiens à exprimer ici ma reconnaissance aux personnes qui ont permis la réalisation de cet ouvrage : Christophe André et Catherine Meyer, qui m'ont fait confiance ; Roland Eiselé et Fernand Margot, qui ont accepté de lire le manuscrit et l'ont enrichi de leurs précieuses remarques et suggestions ; Élisabeth, dont la présence fidèle et les conseils avisés m'ont accompagné tout au long de ce travail ; *last but not least*, les patients qui ont travaillé avec ténacité et courage pour surmonter leur peur, et dont l'expérience et l'enseignement ont nourri ce livre.

Du même auteur

Roger Zumbrunnen, *Psychiatrie de liaison, consultation psychiatrique à l'hôpital général*, Paris, Masson, coll. « Médecine et psychothérapie », 1992.

Roger Zumbrunnen et Jean Fouace, *Comment vaincre la peur de l'eau et apprendre à nager*, Montréal, Éditions de l'Homme, 1999.

« GUIDE POUR S'AIDER SOI-MÊME »

DÉJÀ PARUS

Suite

Des hauts et des bas. Bien vivre sa cyclothymie.
Dr Nicolas Duchesne.
Idées noires et tentatives de suicide.
Dr Emmanuel Granier.
J'éveille mon bébé.
Dr Béatrice Millêtre.
Je ne peux pas m'arrêter de laver, vérifier, compter. Mieux vivre avec un TOC.
Dr Alain Sauteraud.
L'Enfant surdoué. L'aider à grandir, l'aider à réussir.
Jeanne Siaud-Facchin.
La Dépression au travail. Prévenir et surmonter.
Marc Willard.
La Dépression, comment en sortir.
Dr Christine Mirabel-Sarron.
La Psychologie positive : pour aller bien.
Yves-Alexandre Thalmann.
La Timidité. Comment la surmonter.
Dr Gérard Macqueron, Stéphane Roy.
La Schizophrénie.
Jean-Louis Monestès.
Le Bégaiement. Comment le surmonter.
Mireille Gayraud-Andel et Marie-Pierre Poulat.
Maîtriser son trac.
Dr Laurent Chneiweiss, Dr Éric Tanneau.
Mieux vivre sa sexualité.
Dr François-Xavier Poudat.
Mon enfant s'oppose. Que dire ? Que faire ?
Dr Gisèle George.
Ne plus craquer au travail.
Dr Dominique Servant.
Ne plus rougir.
Dr Antoine Pelissolo, Stéphane Roy.

Pas de panique au volant !
Dr Roger Zumbrunnen.
« Peut mieux faire. » Remotiver son enfant à l'école.
Didier Pleux.
Pour aider votre enfant à retrouver le sourire.
Luis Vera.
Pour que votre enfant n'ait plus peur.
Dr Jacques Leveau.
Prendre en main son destin. Transformer ses faiblesses en sagesses.
Maxim Verbist.
Rebondir.
Marion Aufsesser.
Relaxation et Méditation.
Dr Dominique Servant.
Revivre après un choc. Comment surmonter le traumatisme psychologique.
Dr Aurore Sabouraud-Seguin.
Soigner le stress et l'anxiété par soi-même.
Dr Dominique Servant.
Surmonter la peur en avion.
Marie-Claude Dentan.
Surmontez vos peurs. Vaincre le trouble panique et l'agoraphobie.
Dr Jean-Luc Émery.

Ouvrage publié sous la responsabilité éditoriale de Catherine Meyer

Cet ouvrage a été transcodé et mis en pages
chez Nord Compo (Villeneuve-d'Ascq)

N° d'édition : 7381-1101-8
Dépôt légal : juillet 2013

Imprimé en France

Achevé d'imprimer en octobre 2016
sur les presses de la Nouvelle Imprimerie Laballery (58)

La Nouvelle Imprimerie Laballery est titulaire de la marque Imprim'Vert®